はじめに

ずいぶん前の話ですが、池見先生が「フォーカシングのワークショップをシンガポールでやったら面白いだろうね。フォーカシング・イン・シンガポールだよ」と言っていました。少し経ってからその話をすると、「ああ、それはもう終わりましたよ」との返答でした。池見先生は、思いついたことはすぐに実行する人です。

私事ですが、私はバリ島にビーチフロントのヴィラを持っています。そこは命が活性化するような磁場の強いところです。「死にたい、死にたい」と思う人が、明日も生きてみようと思える空間とはどんなものだろうか？　それがヴィラ設計の基本的なテーマでした。私なりにずいぶん考え抜いて造り、それだけの機能を果たしてくれています。

そこで思いついたのが、「フォーカシング・イン・バリ」でした。それをすぐに池見先生に連絡して「面白そうですね。やりましょうか」と返答を得たのが、本書のきっかけでした。二人で対談をして、それを本にまとめよう、という考えでした。

その話とは別に、当時、私は自分の臨床は「人間学的力動精神療法」とでも名づけたらぴったりくると思いついて、その概念化に夢中でした。私の言う「人間学的」とは、「仮に自分が目の前の患者さんだったとしたら、どう扱われたいだろうか」という問いかけと、一人の人間がいろいろ問題を抱えながら、なんとか「やりくり」しながら生きている生の姿と、その人の内面の「やりくり」についての生きる姿の実態を基軸とします。そして、面接の場での「私」という一人称と、人間的な素直さを方法の基本としています。私たちは、「私」という一人称を生きていない形式的な方法や知識ばかりを学んでいます。しかし本書では、その場の自分にしか感じられない面接の感覚を中心に据えて、治療者自体を活かす方法を明らかにしようとしています。それはまさに「心理臨床のルネッサンス」とも言えるものだと思います。

より根源的なのは、面接の根底には目の前に一人の人間としての治療者がいて、その人の私性《わたしせい》（I ness）*が患者さんに届き、何らかの変化の触媒となっているという事実です。それは言葉以前の、そしてそれ以上の治療者のメッセージなのです。

そんな本を書こうとして、章立ての目鼻がほとんどつきかけた頃に、悪魔か天使が私の耳元で囁きました。「本にすることは多少とも、自己完結的な作業だろう。おまえはもう嫌になるぐらい書いたではないか。それよりも、その内容をもとに、臨床家らしく、関係の中に投げこんで、いろいろな見方が出てくるようにしたほうが冒険的で面白いだろう」と。私は徐々にその考えの虜《とりこ》になっていきました。

私は、学生からよく「先生の講義は教科書もないし、行き当たりばったりで面白いといえば面白いけれど、呟くような声だし、とくに語尾が曖昧で声が小さくて、そのうち眠くなって寝てしまいます」と言われます。そんなとき私は、面接という作業を教える良い機会だと思い、「それなら語尾がはっきりしている人ないし職業の人とは、どんな人かね」と問いかけます。

彼らはいろいろな人や職業を挙げます。スポーツの審判、頭の固い保健体育の教師、軍人、裁判官、弁護士、警官、主義主張の強い人、などなどです。そしてそこに共通するのは、人を裁こうとしたり、統制したり、自己主張を盛んに行う社会的役割です。

＊増井による造語。

「私の語尾が曖昧なのは多少とも、職業上の癖、訓練したものだし、ある意味で職業病なのです」と答えると、彼らは半心半疑な顔をします。そこで私は、「治療的な面接では、絶対と言えるほど、人を裁きません。人は心の中で何人も何回も人殺しをするかもしれません。むろん、強姦も窃盗もあるでしょう。それをなんとかするためには、まずそんなふうに思っている事実を単に事実として、素直に認めることからはじめるほうが好ましいのです。そこの君、最近何人ぐらい人を殺しましたか？　数えてみてください」と問うと、彼らは少しキョトンとして恥ずかしそうな顔をします。治療的な面接で大事なのは、それらをあのこうのと考えるよりも、まずは内的事実として、丁寧に認めていくことです。そんな自分もある、こんな自分もある。虚心坦懐に、事実として、事実だから認めていくのです。自分を許す、とかオーバーな作業でなく、そんな自分もある、と認めるだけで充分です。これをBeing nice for oneselfと私は言っています。

臨床場面においては、語尾がはっきりした、断定的で自己完結的な発想**とか言い方をしないことが大切です。「×××なのです！」とか、「×××に違いないです！」といった断定をしないことです。それより、「×××かもしれないし×××の感じもするし、どうですかね？」と適切な曖昧性をもって対応すると、患者さんは話に入りやすいのです。

「それは×××です」とか、「×××に間違いありません」といった言い方は、いわゆる「とりつくシマ」もないものです。はっきりして格好もいいのですが、クライエントは続けて話し合いをする気持ちになりにくいでしょう。むろん、本にまとめるとき、「×××ではないだろうか、いかがなものか」といった書き方もできるでしょう。中井久夫男先生はこのような表現を好まれるようです。しかし返答は読み手の心の中にあり、声として著者に返ってきません。そこで、自己完結せずに本にまとめるためには、対談するという方法が絶妙に思えた

**巻末の文献⑩一～二頁を参照。

のです。

結果的に、対談という形をとることで、いろいろなテーマについて自分でも気づかない細かい景色が見え、対談自体が面接のプロセスになっていき、二人の距離が生き物のように動いている有り様がわかりました。自然が曲がりくねっているように、話が曲がりくねりながら、ある大きな流れに合流する様子は、あたかも面接自体のもつ内的エネルギーの流れのようでした。

もう四〇年ぐらい前になると思うのですが、九州大学グループは、手探りしながらフォーカシングの方法や理論について研究していました。私は当時、北九州市で労働省（当時）が産業医の育成のために設立し管轄していた産業医科大学の医学部に勤務していて、留学先から帰国されたばかりの池見先生とは勤め先が近くでした。それで週に一度ぐらい、私がイメージ面接を、池見先生がフォーカシングを互いに教え合う研究会を二人だけで始めました。

池見先生に産業医科大学に来ていただきたいと思っていたところ、先生は医学部とは別に、私のよく知っている教授がいた産業生態学科学研究所の講師として勤務されることになりました。こうして、同じ大学に勤めることになった私たちは、当時、九州大学教育学部教授であった村山正治先生と一緒に、フォーカシングの考案者であるユージン・ジェントリン先生を日本に招き、学会で講演をしてもらったり、ワークショップを開いたりしました。東京、大阪、名古屋、福岡など全国サーキットのように、フォーカシングのワークショップを開き、門限のある会場では二人してフェンスを乗り越えて飲みに行ったり……と思い出は尽きません。

そんな二人が本書の対談をすることになりました。「フォーカシング・イン・バリ*」は思

*余談ながら二〇一七年七月、五泊六日でエンカウンター&フォーカシング・イン・バリを定員四名で実施した。非常によかったので定期的に続けようと思っている。

わぬ展開となり、「私の治療論をめぐる対談・イン・芦屋（北九州市）」となってしまいました。事態の変転に黙って応じてくれた池見先生に「すみません」を述べ感謝したいと思います。

増井武士

目次

治療的面接の工夫と手順　人間学的力動論の観点から

I　心理臨床面接の基本的命題

1　面接という行為の基礎の基礎——描き尽くせない面接の「核」と「私」

増井　のっけから少し理屈っぽい話になると思いますが、面接という行為の基礎の基礎はどういうものであるかということについて、少し話してみたいと思います。まず、僕がなんでこの方法をずっと追い求めてきたかという根源をたどると、面接そのものが生き物で、その核は文字にすることも再生することも絶対にできない、生身の人間と人間が何かを感じ合っていく、言葉にならない体験の連続であるという状況から生まれるというところに行き着くんです。

　それは、患者さんとの間にかもし出される雰囲気とか、お互いの体温のようなもので、それらが刻一刻と変わっていきます。それは、「ヒア・アンド・ナウ」(here and now) などと簡単に言い尽くせない、もっと奥にうごめく何か。それは面接の「核」と言えるものです*。だから、そういう面接の場における言葉とは、お互いの心の命の流れにおける、ぼこぼことしたあぶくのようなものだとも言えると思います。

　これから話す方法はどうやら、いろんな人の理論はちょっと横に置いておいて、そのよ

*細かくは、文献㉔および文献㊲の二〇八～二一三頁を参照。

うに感じている生身の自分の感性と、ある種の自分なりの知識と理論でもって、患者さんと一緒に良くなることを追い求めていくことから始まっているんです。

面接は流れる川のようなもので、再生もできないし、とくに代理ができない。多くの人が「増井さんだからこういう面接ができる」というような表現をするけれども、それは違うと思います。どの面接も、当事者のその人でないとできないという運命的な要因を担っているということです。そこら辺りから、この方法の模索や探索が始まったと思っています。

もう一つ大事なのは、心の中ではどんなこともありうるし、それで「いい」ということ。これは「絶対的に肯定する」という意味で、まあ極端に言ったら、殺人とか強姦とかを含めて心の中では何でも起こるし、それでＯＫだということです。

それからもう一つ、真実というものは一つではないということです。例えば、葛藤ということ。何かしたいけれども怖い、したいのも真実だし、怖いのも真実。真実は人の数よりもずっと多く、何倍もあるということを淡々と認める。自分の中の事実だから、それはそうとして認めていくということです。これは私の面接の基本的な態度であって、外すことはできないですね。

池見　それはまったく同感ですけれども、どうしてそうなのか。どうしてほかの人では代えがたい、その人とその人との間で面接が起こるのか。それは、なぜなのか。

僕は、クライエントさんが何かを体験しているのを、僕が追体験*していると思うんですよ。そして、その追体験を言葉にするしないは別として、そこで通じ合っているものがあると思うんです。

増井　そう、そう。

池見　ほかの人だったら、ほかの追体験をしていると思うから、二人の中で発生している現

*文献⑥を参照。

実が違ってくると思うんです。例えば、よく僕はこういうワークをやるんです。「僕が真夏のビーチを、スーツを着たまま歩いている」というナレーションを一分ぐらいするんですね。それを聞いた人は、絶対に僕が言葉で言った以上のものを追体験しています。「皆さんの追体験には、僕が今、明示的に語らなかったものも含まれていなかったですか」と聞くと、「貝殻が落ちていました」とか、「カモメが飛んでいました」とか、それぐらいだったらいいんだけれども、「ビキニの美女がいました」とか、「焼きソバを焼いているおばちゃんがおった」というように追体験されているのです。

でも、「焼きソバを焼いているおばちゃんがおった」と聞くと、突然僕の体験にはビールのラベルが出現してきました。「ビキニの美女がいた」と聞くと、語ろうとしていた僕のストーリーはまったく違うストーリーとして展開していきます。だから、同じことを語っていても、受け手がどのように追体験しているかによって、相互主観的な現実、リアリティができていく。その意味で真実は一つでなくて、複数あると思うんです。

増井 そうだろうね、うん。ただ、面接の場合は、その追体験が妥当かどうか、正確な理解をしているかどうかを、相手の表情とか態度、視線や雰囲気で、ある程度確認できるから。

池見 そうなんですよ。ヒットしない追体験もあると思うんですね。例えば、砂浜に「ヒトデが落ちていた」は僕の体験とヒットするかもしれないけれど、「札束が落ちていた」と言われたら、「いやいや、僕はそんな体験はしていませんよ」と言うでしょうから。

増井 これは一つのテーマで、あとでまた繰り返し出てくる問題だけれども、治療者がどういうレベルの追体験をしてくれているかということを、患者さんはどこかで知っている。僕はその種の「わかっている」という治療者のサインが届くことがきわめて大切で、患者さんはそれをどこかで知っていると思うのですが……。

池見　知っている、知っている。うん、そうそう。

増井　それは言葉で言うと、治療者が「テストされている」とか、「試されている」とか、そういう意地の悪い、あるいは大袈裟な言葉では……。

池見　ないですね。

増井　そういうことではなしに、患者さんは薄々それを知りながら、自分の話すペースを調整していくというのかな。だから、治療者の追体験の仕方とか、患者さんの体験への理解の正確さというものは、ものすごく大きな治療的面接のパラメーターになるんです。

池見　そうです。そうなんです。

増井　誰がしても同じというわけでは絶対にない。

池見　同じではないですね。よく学生に説明するときに、例えば、自分が犬に何かを語りかけて、犬が一生懸命こっちを見てくれているときを思い起こしてもらいます。きっと犬は何かを追体験しているのでしょうね。犬がほかのことを考えだしたら、「あっ、今聞いていない」ってすぐわかるんです。犬でもそうなんだから、人間はもっと敏感に相手の追体験にチューニングしています。

増井　そう思うね。

池見　その追体験の質みたいなものを、どこか言葉にならないところでクライエントさんが感じているというかな。

2　心の位相について

増井　そう。先生の言う追体験の質とは、とても重要な課題です。僕はそれを、治療者の生身の人間としての身の入れ方とか、「仮に自分が患者さんならどう理解されたいか」などで表現しているつもりです。身を入れるとか、その身になるとか、いろいろな理論を括弧にくくるとか、心の隅のほうに置いておくとかして、できるだけまっさらな気持ちで正確に患者さんの気持ちに近づこうとすることが、基本的な面接の要件の一つだと思います。それは、またあとでそのうち出てきます。

とりあえずは基本的なことを押さえておきたいので、**図1**を見てもらえますかね。僕は、こういうふうにいつも考えています。この**図1**では下にいくほど身体に近くなります。私はこの部分を「命のレベル」と名付けたほうが適切だと思います。いろんな意味で、心の土台は身体ですものね。

それから、上にいけばいくほど、「人のレベル」ということになります。つまり、思想とか論理といった言葉のレベルのことですが、神田橋先生の考え方もちょっと入れて、僕はこれを「人のレベル」と言ったほうがいいと思うので、仮にそんなふうに表現します。その境目は曖昧ですが、下にいけばいくほどいわゆる非言語レベルで、これはいわば「命のレベル」みたいなものと規定したほうがすっきりするんです。

池見　「命のレベル」。

増井　もちろん、下はアナログ系で、上はデジタル系。上は言葉とか論理とか、一般的要素が強いので単純系で、下は言葉で表現できにくいアナログ的なものなので複雑系です。こういう位相でもって僕は人を診て、面接して、どの位相のレベルを聞くかということをやっています。だからこの図は、下にいけばいくほど頼りになるし、上にいけばいくほど頼りにならないということになります。言葉はあまり頼りにならないけれども、姿勢とか顔色は頼りになる。だから、患者さんが「退院したいんですけど」と言うときに、言葉が巧

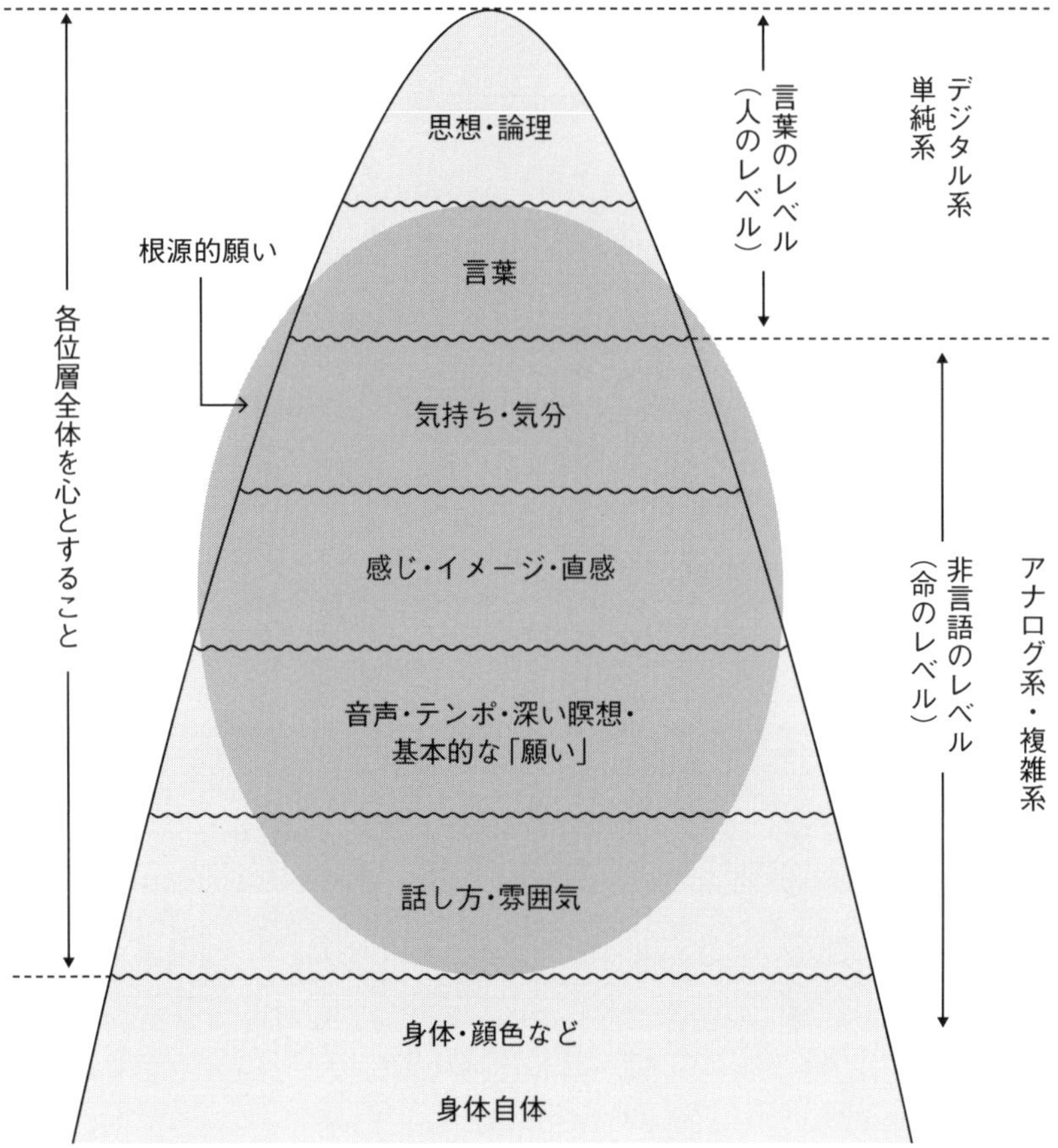

図1　心の各位層について

みであっても、姿勢や表情が硬かったりすると、あまり頼りにならないね。逆に、「まあ、何とか生きています」といったような率直な態度を、どちらかと言うと僕は信用しますね。だから、これはもう僕の心の理解の基本的なスキーマというふうに思っています。

先生は、この図についてはどう思いますか？　ちょっとこれは、「命のレベル」とか言うほうがぴったりくるんです。「非言語化のレベル」と今まで言っていたけれども、これは全部生きている。だから、非言語化ではなしに、生きている「命のレベル」であり、下辺と上辺を複雑系と単純系とに分けています。

池見　これは、全部メディアなんですよね。思想、思考とか、論理で現れてくるものとか、言葉が伝えているものとか、気持ちや気分が伝えているものとか、感じ、あるいはイメージ。だから、心の内容とかいうものではなく、その心が現れる様相みたいなものだと僕は見ています。

増井　ああ、そうそう、そのとおりです。心を構成する要素的なものであり、現れ方とも言えますね。ただ、それにもやっぱりレベルがあって、ベーシックにいけばいくほど曖昧になってくるということなんですよね。

池見　うんうん、ただ、**図1**の中にある言葉のレベルと非言語のレベルを区分する線は、実はあってないようなものですよね。

増井　うん、ない。実際にないんです。図ですから便宜的に入れているだけです。

池見　そうですよね。

増井　ないけれども、一応便宜的に、線引きしている。だから、波線にしているんです。話は少し飛びますが、**図1**は、固定したものではなく、すべてが関係し合って、生き物のように動いているんです。それを僕は「心のゲシュタルト」と言っています。あるものが大きくなると、相対的にあるものが小さくなり、お互いに連鎖しながら心の様相が刻一刻と変わっていきます。

　そういう意味で症状が遠のいたり、小さくなったりするように、何かを大きくしたり位置を変えたり、また別の何かを入れたりする、という考え方をしているんです。総論的にはね。もっとあとでも出てきますが、例えばある患者さんが意図的にごみを一つ拾うという行動に目を向けるようになってきて、それがどんどん膨らんでいくと、相対的に症状の苦慮感は小さくなっていくという具合にですね。

池見　そうですね。それで、上向きの矢印とか、下向きの矢印というような思考の方法がある気がするんですよね。例えば、身体の感じを言葉にするとか。

増井　それですよ。

池見　それでもって考えるという思考もあるだろうし、言葉から呼び起こされてくる身体の感じとかいうのもあるから。

増井　あるある。面接の中では、上のものを下に、下のものを上にしたりするということが、聞き方、問いかけ方という問題になってくるわけです。

池見　うんうん、そうですね。ただ、これでわりとはっきり言えることは、治療者がクライエントと同じレベルにとどまらない、ということだと思うんです。

増井　そのとおり。

池見　逆に、そこでとどまってしまうと面接が進まないでしょうね。言葉ばっかりのクライエントがいるし、そういうときに言葉ばっかりで面接していると、やっぱりそこから進まない。

増井　そうそう。

池見　あるいは、僕たちは聞きながら、言葉だけではなくて、その下にある気分や、イメージや……。

増井　そう。言葉だけでなく、患者さんのその場のイメージや音声や声の色やその感じをも聞いています。

池見　この図の真ん中あたりにある丸い輪は何ですか？　この願い、基本的な願い、それから、身体の姿勢とか、そういったものも見ているわけですよね。それを見るということが、とても大事なことではないですかね。

増井　そう。だから、その大きな丸印は、とくにその患者さんがもっている、心の奥深くに息づいている根本的な願いのようなもの、「自他ともに調和的に生きたい」というような大事なものも含めて、言葉にならない声として深い願いをときどき聞くということですね。これは、面接の「核」に迫るとても重要な要件ですので、あとでまた出てくると思います。僕なんか、時として言葉を三〜四割、言葉にならない言葉、表情、声や身体的所作などを六〜七割ぐらいの割合にして患者さんの話を聞いていますけどね。

池見　そうですね。逆に、感じばかりを話すクライエントさんもいるわけですしね。

増井　そう。そういうときは、ばらばらに飛び散った感情をばらばらになった「あん」に例えると、その一つ一つをまとめて「あんこ」のような固まりにして、衣を着せていくことで、心の整理になり落ち着いていく患者さんもいますよね。それが治療的であるということですよね。

池見　そうですね。でも、この図で、「人」とか「命」とかというふうに分ける必要があるのかなと、ここがちょっとわからなかったところです。

増井　それはね、「人のレベル」と「命のレベル」とを分けることによって、いろいろな治療的な配慮とか、気づきとか、自然治癒力などの現象を適切に表現しやすいからです。それと、「人」と「命」という言葉の対比それ自体が患者さん、治療者ともに、共有しやすい概念ですから。まあ、簡単に言うと、治療者には、深く広く認識しやすく、患者さんには理解されやすいということです。

池見　うーん。僕は「人のレベル」と「命のレベル」というのを見て、ショーペンハウアーみたいな考え方かなと思ったんです。個の原理がここで働いているけれど、一皮めくるとそこには「意志」があるだけとかね。フロイトも同じですよ、個々の意識の領域では「個人」はいるけれども、無意識になると、個人は消えて「本能」とかに還元される。

増井　普遍的なものとかね。

池見　うんうん、そういうことになってくるんだけれども、そうすると何かちょっと、あまりにも本能論みたいなところに巻き込まれていく感じがしますね……。

増井　こう分けることの全体的な統一性のレベルで言うと、こう分けたほうがすんなりいくんです。分け方そのものの問題はあるかもしれないけれども、こういうふうに分けることによって心の聞き方や話し方などの表現自体がスムーズになっていくし、聞くほうの患者さんにもわかりやすいのですよ。それに、ここには非人称化された本能論などは一つもありません。

池見　そうですね。

3　本能ではなく「人のまっとうな願い」

増井　だから、本当を言うと、僕が**図1**の全体にからむところに置きたいのは、「本能」では

なしに「人の願い」です。それが基本です。でも、「人の願い」をここに置く根拠は、だいたいの場合、それが怒りとかほかの混乱でわからなくなっているから、今のところは明示しにくいんですよ。だから来談者にとって目下のところ、その願いはわかってないんです。ただ、その願いのワークみたいなものを何回かやって、自分の願いを的確に捕まえていけばいくほど、この丸いわっかの「願い」の部分がはっきりしてきて臨床的には回復が早い。そのワークを、時間があったらあとでしようと思うけど。

池見 なるほどね。

増井 だから僕はここに「本能」は置かず、人としての強烈な夢や優しさ、淋しさや悲しみなど「人間的衝動」とでも言えるものを置いているだけのことです。人間は本能を抑圧していると言うよりも、その人が本当に深く抱いている願い、人間的な基本的願いとか衝動という、率直なものを抑圧していると考えるほうが治療的にはよほど有効だし、患者さんの実態に沿うものだと考えています……。もちろん、フロイトの時代とも今は異なっていますし、強いて言うなら彼は生の本能と死の本能を考えたでしょう。私のそれは、生の願望やその抑圧に近い考えのような気もします。

池見 僕は、そこに何かレベルがあるような気がするんですよ。

増井 うん、ある。その識別とレベルがとても大切です。

池見 僕は、「宝くじが当たったらいいな」といつも願っているんですが、ここで言っているのは、そのレベルの「願い」じゃないですよね。

増井 そうです、はい。強いて言ったら、「人のレベル」と「命のレベル」とがちょうど統合するような感じで「願い」があると思います。

池見 「人」とか「命」という言葉を使うならば、「人としての願い」というものがあるし、

「命の願い」ということもある、ということになりますか？

増井　それもあるけど、その全部をリンケージ（linkage）するように、やっぱりそれを全部まとめる願いというものがあるんです。それを発見することが、この方法の一つのミソなんです。通常、この二つをまとめる基本的願いがなかなか意識化されにくいんです。

池見　「抑圧」ということになると、またちょっと難しい概念になりますね。見つけにくいし、意識しにくいし、上と下の間を行き来していない。だから、そう思うとやっぱり**図1**の中に線があって、上のレベルと下のレベルは違うというのが何か必要なのかな。そこの間を漂うというか、統合するというか、そんな願いを基本として考えてみるなら。

増井　まあ。「願いのワーク」みたいなものがあるから、実際、五分ぐらいで済むし、それをあとでやってみてもらえたらと思います。

4　生命レベルの自然治癒能力について

増井　**図1**のように書いたのは、基本的には人間は自然の一部ということも、僕が述べたいことの一つだからです。**図1**の下のほうに「身体」と書いているのは、「自然としての生命体」と書いたほうが適切だと思うね。僕の言う「自然治癒力」というのは、例えば、森の中で木と木が密集せずに、ある程度の間隔を置いて、折り合って生息しているようなことです。

池見　ああ、なるほど。

増井　人が問題を抱えるときに、その人が「命のレベル」や「自然のレベル」でどう折り合っていけるか、その能力を僕は「自然治癒力」と考えているわけです。無理に折り合うことではなしに、知らない間に折り合っている。治療過程では、単に放っておいたら治るというものでもないと思うんです。自然界に真っ白とか真っ黒とかがないように、「真っすぐに治る」というようなことはあり得ない。歪曲して、ぐにゃぐにゃしながら行ったり来たりしているのが当たり前です。

治療過程も、そのような流れに沿っていくのが結局はいちばん早いし、自然なのです。実際そのようにしか治っていかないし、その治療過程自体が、人と、自然としての生命体との折り合いの過程だとも言えると思います。この「いのち」の流れは、我々が治療過程で曲がったり、くねったりして「これでいいのか？」などと迷う過程のことでもあり、あれかこれか、と人を迷わす*原動力にもなっています。

池見　物事が真っ白か真っ黒かというふうに決めたがるのは人の「我」であって、むしろ観念ですよね。だけど、実際の世界のあり方は、その観念に収まっていない。

増井　観念以外の余分なものがいっぱいあって、雑多なものなんですね。我々の文化は、整理されているものばかりを見て、何でも整理しようとするし雑多なものはないがしろにされがちです。しかし、「雑多」とは言葉を変えると「自然」です。

池見　そうですよね。

増井　「命のレベル」で言うと、雑多なものを雑多なものとしてどう大切にしていけるかということに意味があるように思う……。

池見　例えば病気で言うと、真っ白＝病気がない、真っ黒＝病気があるとして、では自分はどうかと言うと、病気はあると言えばあるし、ないと言えばない。だから、自分は病人でもなければ健常人でもないということになる。

増井　そうそう。だから、白黒はっきりせずに、いつも灰色の濃淡があるみたいなもので、きわめてアナログ的なんですね。中間値というのは、０から１までの間に無限にあるわけ

＊このあたりについては、文献⑯および文献㊱の一七五～一八三頁を参照。

です。それが、実態だと思うんです。私は神田橋先生のスーパービジョンで、[*]つくづくアナログの大切さを知らされました。

池見　「私は病気です」という言葉では実は実態を示せていなくて、かと言って「私は健康です」でも示せない。その中間であって当たり前というか。

増井　そうそう、そのとおりです。中間であって当たり前ということを患者さんが受け入れていくということが、ある意味で治療的だと思います。

池見　増井先生も患者さんに「私はもう治りましたか」みたいなことを聞かれると思いますが、答えが難しいですよね。

増井　僕は、「完全に治るというのは妄念だよ」と言いますね。患者さんの中に「治る」ということに関する現実的なイメージをつくっただけで、だいたいの患者さんはその思い込みから抜け出して何割かは楽になったり、時には病気の苦慮感の三分の一くらい楽になったりすることもあります。完全に治るということはあり得ません。ある意味で、治療プロセスの中で好調なときに、治ってしまったと患者さんが思うことも、時としてはあるということです。

池見　そんな白黒はっきりしないのが実態だということですね。

増井　そのとおり。そしてその白黒はっきりしないということを、すんなりと受け入れられないのが患者さんなんです。無理やり頭で割り切ろうとする。そこで、「どんなふうに白黒がはっきりしないのか」「どういうふうに曖昧なのか」ということがわかればある程度すっきりしていくだろうから、それを明確にしていこうというのが、僕の基本的なやり方です。[**]曖昧なものは、こうだと断定はできないけれど、いかに曖昧かはいくらでも話せるし、そうすることで曖昧性自体がはっきりしてきますね。

＊文献㉓、および文献㉟の二三一〜二六九頁を参照。

＊＊このあたりについては、文献㉙および、文献㊲の一六六〜一七九頁に細かく記述している。

池見　そうですね。だから、「私は病気なのか病気ではないのか」ということを考えなくなればいいとも言えますね。そういうふうに考えること自体が問題といえば問題ですから。

増井　それにはとても工夫がいるわけです。そのために面接があるようなもので、「気にしなくていい」というふうに医者にぽんと言われて、患者さんが腹をたてることが多いでしょう。気にしないでいるというのは、大変なことなんだから。

池見　気になるのが当然ですからね。

増井　「はい、そうですか」という問題ではないわけです。そういうとき、僕は「ゲシュタルト」という言葉を使って、ほかのものを大きくしたら症状が相対的に矮小化していくという方法をとることが多いです。

池見　そうなんですね。

増井　ほかのものというのは何かと言うと、本人のデザイアーであったり、「こういうことをしたい」という自己感覚であったり。そういうものをはっきりさせるために、本当に細かい小さいものから大きなものにしていく。そうすると、もともと大きなものであった症状は、相対的に小さくなっていきます。例えば「草むしり」をコツコツとするとか、ほんの細かいことから始めるのです。

池見　なるほど。「私は病気に違いない」とか、「私は病気だ」というふうに思うと生活が狭まっていくから、その病気以外の活動が減っていって悪循環に陥っていくんですね。

増井　その悪循環を、例えば少し興味のある店に入ってみるとか、どこか細かいところで違うルートをつくるというのは、やっぱり治療の一つの方法ではないかと僕は思います。思いついたことを「やれる」とは、とても反病気的で健康なことと思います。

池見　そうですね。

増井　言葉で言うのは簡単ですが、実際はそれこそ複雑で、とても細かく患者さんのわずかな「やる気」を見つけ出して提案して、細かく具体的にやっていかないとだめだというのが、僕の臨床感覚です。「何もやりたくない」という人も、やりたくないというデザイアーはあるからそれを意識化して、「やりたくないからやらないようにしよう」って少し言語化するのです。

池見　うん、これは面白いテーマですね。

5　「中立」はあり得ない——治療関係における分離と融合

池見　僕は、そのようなことに「応答的コンボディイング」（responsive combodying）という名前をつけて、論文*を書いたことがあります。身体は誰の身体かというようなことです。一例として、ウミガメが満月の夜に卵を産むことを挙げています。ウミガメの産卵は、満月や潮の満ち引きと関係がある。潮位が高いと、カメはずっと内陸まで行けて、そこで卵を産める。卵が孵化するのはまた満月で、波が産まれたてのウミガメを迎えにくる。この場合の「身体」はウメガメの身体だけれども、それは満月でもあるし、潮位でもあるし、宇宙でもある。

増井　そうですね。

池見　ジェンドリン**の論文***にもあります。外に出たことがない実験室で育ったリスにクルミをやると、鉄板のケージの床を掘るそうです。床にクルミを置いて、埋めようとするらしい。そのリスは外に出たことがないのに、です。リスの身体と大地とは別々ではないということです。ウミガメの身体が月だったように、リスの身体は大地なんですよね。そうい

*文献③、文献④を参照。

** Eugene Gendlin（一九二六〜二〇一七）。アメリカ合衆国の哲学者。カール・ロジャーズにカウンセリングを学び、「フォーカシング」を考案し、数々の心理学賞を受賞している。

***文献①を参照。

うふうに、世界は分かれていない……。

増井　融合してしまう。ないし融合している。

池見　もともと一つなんでしょうね。最近、僕はそんなふうによく考えるんです。

増井　僕も前々からそういう感じはもっていました。患者さんの話を聞いているときに、自分が患者さんか、患者さんが僕かわからないような融合状態になる。そのとき、互いにわかり合っている、という実感が湧いてくるんですね。

　もちろんそれはずっと続くわけではない。ふっと我に返ってまた離れるんだけれども、そういう自分と他人の区別がまったくなくなって融合してしまう感覚は、ほかの世界ではあまりない。一つあると思うのはヨットの世界です。風、波、自分、海、船が全部一体化して、ある種の恍惚とした感じになるときがあるんです。自分が船なのか、船が海なのか、海が自分なのか、もうまったくわからない。その世界は、やっぱりある意味、至福の世界です。ただその恍惚感は、長くはもたない。よくもって五分か一〇分です。面接ではそんな至福は感じないけれども、ある種の心地よさというのを感じるわけです。

池見　僕は、瞑想しているときにときどきそんな感じがあります。

増井　ああ、瞑想でね。

池見　でも、人といるときに感じるのは、すごく難しいですね。

増井　難しいかな。けれど、その融合感は僕はとても大切な治療者のありようだと思います。たぶん患者さんも必ずどこかでそれを感じて、それに励まされて話すときがあると思うんです。なにか、心の重なり合いというほうが適切かな……。

池見　海とか、木とか、鳥の声とか、それはわりと融合しやすいけれども、別の人がそこにいると、何かこう隔たりというか距離がある。だから、すごく融合的な感じがしているのに、実はすごく隔たりがあったりする。その辺は、どう思われますか？

増井　率直に言うと、僕は行ったり来たりだね。やっぱり生き物としての面接の場合は、離れたり、遠くなったり、また一体になったりしながら、常に動いている。それを、僕は関係における「ゲシュタルト」と言っている。この状態が固定するわけではないけれども、やっぱり患者さんとの関係で好ましい状態、調和的な状態というのは私にはきちんとあると思うんです。ほぼ調和的な関係で一定していることが、治療的に大事なことだと思いますね。

　いつ頃からかはっきりしませんが、僕はいろいろ考え事があっても、患者さんが目の前に座ると、即座に自分の中で調和的関係に近い内的状態に入れるようになりました。相手もその調和を感じて居心地がよさそうに見えます。

池見　僕は、融合しているとかいないとか、そういうことをまったく意識しないうちに、そのクライエントさんの発想みたいなものをもらってしまうことがあります。以前、なかなか出勤できないのにずっと病気の手当をもらっている、だからあんまり職場に行く気がしない、というクライエントさんがいました。うつだというので、そういう人の話を聞いていると、自分もなんだか仕事をしているのがアホらしくなってきて、この人みたいに生きられたらいいなと思ってしまう。なにか今、僕はこの人の考え方をもらってしまったわ、みたいなね。

　あるいは、すごくアグレッシブな人のアグレッションをいつの間にか自分がもらってしまって、なにかイライラしているとか。風邪をひくみたいに、誰かからもらってくるフェルト・センスみたいなのがあると思われませんか？

増井　僕は、それを「感染」と「脱感染」という言葉で示しています。治療的な面接では、非常に大事な「身の入れ方」と「身の外し方」ですね。それを繰り返すんですよね。治療者がそうしているうちに、患者さんは感染と脱感染を自然に感じられていくんです。

池見　ああ、そうか。

増井　治療者は、患者さんの苦しみに感染しないといけない。けれども、感染から脱感染して、また感染して脱感染する。* そのうち患者さんもそれを繰り返せるようになり、改善に向います。

池見　なるほど、「感染」と「脱感染」ですね。知らないうちに感染してしまったものを、脱感染して、また感染していく。ところで、「脱感染」ってどうやってやるのですか?

増井　「脱感染」というのは、ふと我に返るということでしょうね。一心同体のような感じで少し窮屈な感じがするときに、それは少し横に置いて自分自身に戻ればどんな感じか?というふうな、治療者が自分自身に戻るというような心の作業のことです。また、この感染状態というのは、そんなに長くは続かないと思います。おそらく何週間もかからない。特別な事例は別ですけれど。

池見　感染しているということに、気づかないといけないんですよね。

増井　そう。だから、疲れていたり、「感染している」というなんらかの感知能力がなかったりすると、「感染」はもう治療者にとっては、おそらく「囚われ」ということに近いと思うね。初心者のセラピストが、こうあらねば、あああらねばと囚われて、なかなか脱感染ができないような事態もありますね。けれども、感染することが大事なんです。ある意味で、そこには深い思いやりがあるからでしょうね。

池見　それはすごくわかる。感染することが大事ですね。

増井　感染するなという「中立性」はデタラメということになる。

＊このあたりについては、文献㉔および文献㉚に詳しく示している。

池見　そうです、そうです。

増井　だから、仮面的な中立という態度は治療的にそれほど効用がないというのが、僕の一貫した体験です。

池見　ああ、それは賛成ですね。臨床場面でなく広く言うと、気がついたら一緒に住んでいる人の考え方に感染している、とかね。ある意味、家族なんて感染した中で生きているようなものですよね。各家庭で何かちょっと病気が違うというか、においが違う。だから、その家族のメンバーがお互いに同じようなものの考え方をしたり、感じ方をしたりするのは、たぶん感染し合っているからだろうと思います。

そう思うと、親密な関係というのは、感染し合う関係、影響され合う関係で、それ抜きには語れないみたいなところもあるんじゃないかなと思います。*

増井　あとでまた話が出ると思いますが、家族のうち一人の心の風通しが悪いために、家全体に風が抜けない。そうして次々にバタバタ倒れていくようなことは多いですね。

それとは別に、「絶対的中立」とかいう概念を設けてやるのは、幻影というかね。僕たちはみんなある程度、思い込みの世界というか、基本的には独断と偏見でずーっと自分の世界で生きてきてるわけです。それを素直に認めて、中立という思い込みや努力はあってもいいけれど、それは中立というより、患者さんの世界と自分の思いとが相似形であって、その理解に患者さんがうなずけるという客観性があるということが大切だと思います。

それで、大切なのは治療者のその人間的な「思い込み」や「思い入れ」の部分が、患者さんに入るとある種の治療的化学変化を起こす触媒にもなるということです。だから、中立的でいるよりも関係における治療的モーメントは強いと思います。客観的な絶対的中立というのは概念的なもので、実際はあり得ないと思います。

*文献⑲を参照。

池見　確かにそうですね。

増井　そもそも客観的、絶対的中立というあり得ないことを、あり得ることとして積み立てている理論はいっぱいあるんですよ。

1 「理論モデル」と「サービスモデル」

増井 いろいろな治療論とか症状論を大まかに分けたら、**図2**のようになると思います。一つは正規曲線があって、それから外れていると悪いという。まあ血液検査の正常値みたいなものです。それで良し悪しを決める、そういう「治療理論モデル」と、もう一つは「サービスモデル」というものがあって、それは良し悪しを全部患者さんに任せる。

患者さんが「Bの状態よりAの状態のほうがまだましだ」と言う場合、Aの状態を全面的に良いとする。そういう良し悪しの、「良くなること」についての二つのモデル*があるように思うんです。そして僕は、明らかに「サービスモデル」の立場に立っているということです。

池見 何か具体例は、ありますか。

増井 患者さんは、悪いところばかり言うでしょう? それを聞いていると最悪な状態に聞こえるよね。そのときに「最悪の状態を一〇〇としたら、今、どのぐらいですかね?」と聞く。患者さんが「今は七〇ぐらいかな」とか、「六〇ぐらいかな」とか答えます。すると

*このあたりについては、文献⑳に詳しく述べている。

ⓐ理論モデル

ある理論からどれほど離れているかで「良し悪し」を決める方法。平均値が良く、そこから逸脱しているのが悪いと考えるもの。

ex）血液検査での良し悪しの決め方に類似。

自己や現実に直面しているか、いま有機体として充分機能しているかなどの、ある理論から導入された良し悪し。

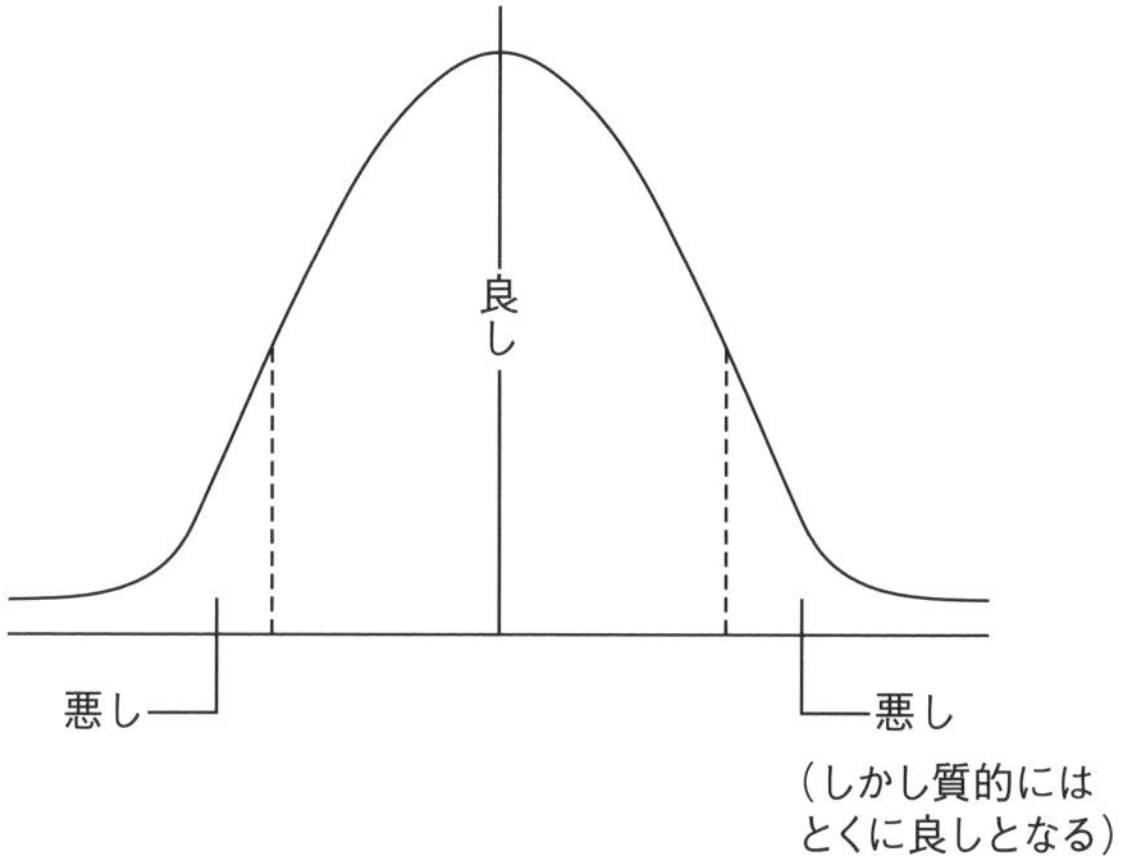

ⓑサービスモデル

患者さんが前の状態（B）より今の状態（A）のほうが良いと言うなら、A が好ましい状態である。
良し悪しをすべて患者の自覚と訴えに委ねるモデル。
ある理論から導入された良し悪し。

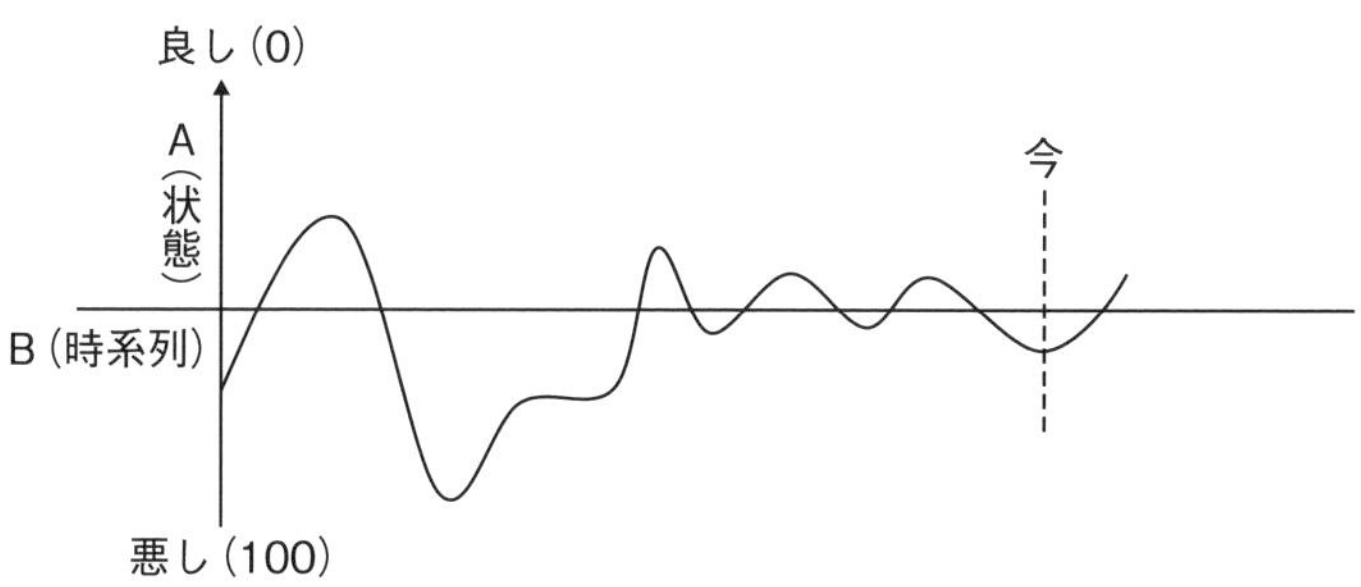

図2　2つの治療モデル

「今は最悪のときより〝少しまし〟なんですね」と言う。

僕は、「最悪を一〇〇にした場合」というふうな表現をよく使うんです。そして、「少しましならそれで良し」という基本的治療理論をもっています。現実的には、「まし」の継ぎ足しでしか良くならない。突然良くなったときは危ないか、あるいは急に悪くなるね。

池見　最悪を一〇〇？

増井　患者さんにとってとても実感があるようです。いろいろやってみたけれど、いちばん状態の良いときを一〇〇にすると、患者さんの想像が非常に難しいようなんです。逆に最悪を一〇〇にしたら、例えば今は八〇くらいで、前より今の状態のほうが少しましというふうに、わかりやすいんです。これは僕なりの「サービスモデル」の工夫の一つですね。

池見　なるほど。

増井　もう一方の「理論モデル」というのは、正規血液検査の分布曲線のようなもので、この状態なら正常、あるいは良し、この状態なら異常、悪しというふうに決めている。だから、「理論モデル」というのは、自己一致しているとか、自我が現実に直面しているとか、ある種の「良い基軸」があるモデルのことです。または正規曲線の平均値あたりを普通とか考えたりするのもこのモデルに入ります。

「サービスモデル」にはそうした理論がなく、すべて患者さんに委ねられているので、良し悪しで言うと、患者さんが良いと言うものは全部良いというふうな判断にすぎないんです。

池見　「いちばん悪いときを一〇〇として、今どれぐらいか」という聞き方は、すごく面白い。普通は、逆ですよね。「良いときを一〇〇として、今はどれぐらいですか？」と聞くのが普通です。

増井　やってみてわかったことだけれど、患者さんは良いときを空想するのがとても難しいようです。たぶん悪いときの体験とイメージは強く印象にあるけれど、良いときの印象は希薄だからじゃないですかね。

池見　そうですね。僕も持病があるので、「良いときを一〇〇としてどれぐらいか」と聞かれるより、「いちばん悪かったときを一〇〇としたら……」と聞かれたほうが思い出しやすい。たしかに悪いときのほうがよく覚えていますね。

増井　そうでしょ。

池見　僕の病気は慢性なので、病気がなかったときのことは、もう思い出せない。「良い」のは若かったからかと言われるとそうかもしれないし、どういう状態が良いときかというのは想像しにくいなぁと思いました。

増井　心も身体も含めてアバウトに自分の状態を示そうとすること、それが次の「状態曲線」です。

2　最悪を一〇〇にしたら——状態曲線を描く

増井　これは、「最悪を一〇〇にしたらどんなふうか」を、時系列的に曲線化するやり方です。年齢、病歴、経験、食欲とか全体を込みにして、「だいたいいくら」ということを患者さんに見積ってもらうわけです。これは、ものすごく楽な方法です。「悪い悪い」と言っても、この曲線を書いて、「ものすごく状態が悪いのは、今なのか以前なのかどの辺り？」と聞く。僕の経験する限り、治療を始めてから一〇〇以上に悪くなったというのはあまりないです。一ケースあったかな。

「悪い悪い」と言っても最悪のときよりはまだまし。ましならいいんです。僕は「まし」

ということをものすごく大事にする。「ベストではないけれどもベター」「ものすごく良いということもないけど、悪いは悪いなりに最悪よりはまし。それなら、まあまあ良し」というふうなイメージを患者さんがもてたら、それだけでかなり安定することもあるわけです。実際、「まだまし」の長い連続でしか良くならないしね。

池見　これはもちろん、僕たちが対象にしているクライエントさんたちは、だいたい急性疾患ではないということですよね。

増井　そうです。

池見　ある程度慢性だから、なかにはもう何年もある状態が続いていて、「良し」のイメージというのがつきにくいクライエントさんもいるのかもしれない。

増井　なかには、「このときが一番良かった」とか言う人もいるけれど、やっぱり「このときが良かった」というのは、「このときに悪かったから」というのとセットになってくる。だから僕は、患者さんがやりやすいということもあるけれど、「最悪を一〇〇にして、それよりましならいいじゃないか」と、患者さんの欲張りな「良くなること」には、ぼちぼちとしかつき合わない。そのほうが治療的だと思っています。

「〝まし〟というのは、何を中心にして考えればいいのか」と聞かれたときには、「食欲とか、年齢とか、むろん症状も込みにして全部込み込みにしたアバウトなものです」と言います。さっきの**図1**で言ったら、主に生命系ですね。生命系を込みにして、プロットしてもらうわけです。

池見　この横の軸、これは時間でしょう？

増井　そう、時間。

池見　これがすごく面白いなと思ったのは、今を先にプロットしないといけないですよね？

増井　いやいや、先に決めていくのは「最悪のときの一〇〇」です。そこから以前でも以後でも今でも、患者さんが好きに、良し悪しを込みにして自分の状態を描きやすいように描いていくのです。「あなたが、最悪の場合を含めて自分の状態をずーっとなぞっていってください」と言うと、患者さんが勝手に、「ここら辺が今かな」というふうに決める場合もあるわけです。患者さんが書きやすいようにやっていく。

池見　なるほど。いろんな症状を総合して。

増井　そうです。それを「込み込み」と言います。「全体感」とも言えます。だから、要は見やすいということと、全部を「込み」にすることです。症状を中心にせず、体調とか食欲とか全部を込みにするということが、一つのミソではないかと思うわけです。

池見　患者さん自身の健康観というか、ヘルシー・フィーリングですね。不思議と、医学の中にそういう概念がないですね。

増井　そう言われるとないね。

池見　「症状の有無」ですものね。

増井　だから、良いという概念があるのは、あのさっきの正規曲線ね。

池見　最近は、「平均が良い」ということが暗黙の前提になってしまう。

増井　「平均が良い」というよりは、まあ……。「真ん中が良い」ということをあらかじめ設定して、それから逸脱しているのが悪いということですよ。

池見　だけど、そうとは限らないですよね。

増井　限らない。このモデルは「×××でないと健康ではない」という、ある種の決めつけと強迫性が問題です。例えば「自我が現実に直面しているか」とか、別に現実をなめから見ても裏から見ても、患者さんが見やすければそれでいいのです。それで、良くなるた

めの理論、いろいろな治療理論を大まかに区分けしていくと**図3**になるかな。

3　因果・意味・関係（体験モデル）について——症状への体験の仕方が問題

増井　だいたい今の治療モデルを分けたら、* 一つに「因果モデル」というのがあります。例えば、ある種のトラウマが原因でこうなったという。また、「意味モデル」というのもある。主としてユングが言っているもので、この症状にはこういう意味があるとかね。それと、僕が言っているのは、「関係モデル」。症状への関係の仕方が問題であると。これは、「体験モデル」とも言える。

池見　ジェンドリンはそっちでしょうね。僕は、因果も、意味も全部、それらが体験にどのように作用するかというところが、すごく大事だと思うんです。だから、僕はやはり「体験モデル」を中心に見ていて、因果も、意味も、ここに影響しているように見えます。

増井　なるほど。

池見　大事なのは、体験の中で起こっている作用だなと感じるんです。だから、それを引っくり返すと、因果が体験をつくっていないとか、人がつけた意味は体験に作用していないとなるわけですが、逆に、体験が意味を生み出し、因果をつくり出すんだと見ることもできる。僕はそっち側ですね。

増井　先生の言うように生きた意味づけで、これを利用される場合は、ものすごく意味があるわけです。体験過程概念で言うと、それは概念の使い方です。治療の流れの中で適切にその概念が使用されることが重要です。だから、こっち側から無理やり辻褄を合わせたものは何の意味もないということです。それが一点。もう一点は、とくに症状の意味を考え

*この点について細かくは、文献㉗および文献㊳に詳しい。

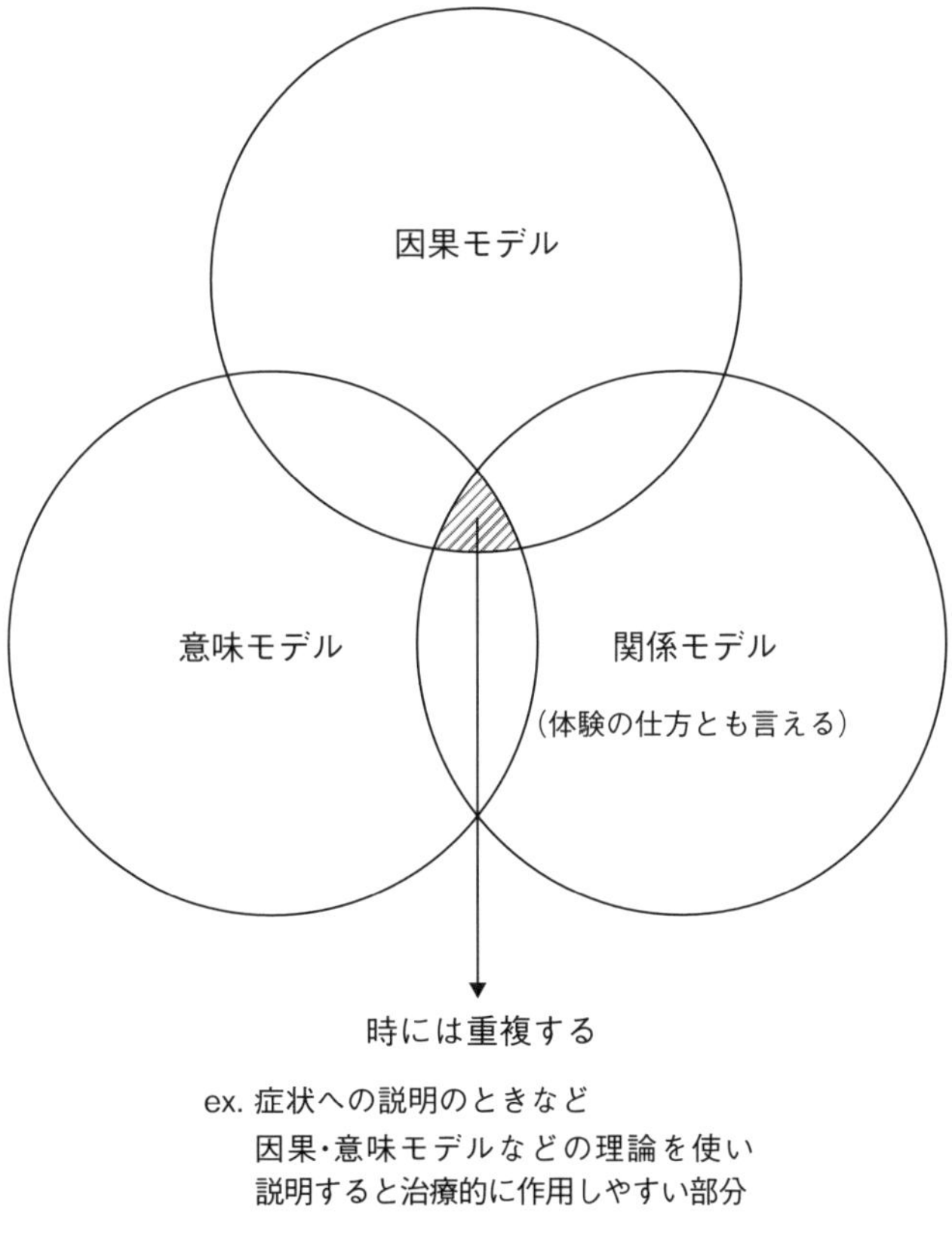
因果モデル
意味モデル
関係モデル
（体験の仕方とも言える）
時には重複する
ex. 症状への説明のときなど
因果・意味モデルなどの理論を使い
説明すると治療的に作用しやすい部分

図3　3つの治療モデル

るよりも、症状の体験の仕方自体が問題であるということです。

池見　そうですね。

増井　体験の仕方というのは、さっきも言ったように理論より実感できるからです。例えば、この鉛筆が問題だとしたら、ここら辺に置いておくとか、ほかのところに置いたらどんな感じとか、実感できるわけです。だから症状も非常に重いとか、前よりは小さいとか、体験をもとに話せるからこのモデルは非常に実践的なんです。しかも、多くの患者さんと、ある程度リスキーな二者関係にならずにやっていけるというメリットもあります。

　だから、僕は意図的にこういうものを選んできたのではないかなと思います。僕はとても多いときは、一週間に四〇～六〇人ぐらいに会うときがあるものね。どうしても、「限られた時間にできる限りの援助的サービスを行うにはいったいどうすればいいか」*ということを考えざるを得ない状況にあった。つまり僕の治療者としての文化的な背景というものも、きわめて強くあったわけです。

池見　通常の医学的モデルは、やっぱり何か、治療者のほうが因果を説明したり意味づけをしたりするような感じです。僕たちがやっているのは、そういうモデルではなくて、この体験に働きかけて、患者さんの側から因果を考えてもらう、患者さん側で症状の意味を考えてもらう。そういうふうに、体験を強化するような働きかけというか、面接をしているんだなぁ、と思いますね。

増井　そのとおりです。そこを説明するときのタイミングは、**図3**の丸の部分がオーバーラップして、治療者にちゃんと見えてくるときです。そのときに、ポイと説明してあげれば患者さんはよく理解できます。デタラメに、この関係なしに説明しても役に立たないし、説明する気にもならんわね。だから、やっぱりこういうモデルでいちばん大事なのは、こ

＊このあたりについては、文献⑭および文献㊲の一〇四～一一五頁に詳しい。

のオーバーラップの部分です。

池見　オーバーラップは、どんなふうにオーバーラップするんだろう……。

増井　例えば、ある若い女性が母親の女らしさがたまらなく嫌で、いやらしい、と述べたときに「ある有名な人は、そのような気持ちを『女性性の否定』とか『女性の成熟拒否』とか言っていますが……」などと患者さんに説明しておいてあげる。すると、「ああ、そういう考え方もあるんだね」となる。「説明する」ということも大事だと思います。オーバーラップというのはそういうことで、主に治療者の中での患者理解のためのオーバーラップだと思うんです。

池見　ああ、治療者の中でね。だから、この図は、治療者から見た図なんですね。

増井　そうそう、そのとおりです。しかし、クライエントの中にも起きている図でもあるんじゃないかと思います。

池見　ああ、そうですね。だから、治療者はある程度因果的なモデルをもっているだろうし、例えばクライエントが見た夢の意味だとか、何らかの意味モデルをある程度もっているのでしょう。けれども、それで説明してしまうのではなく、それらを何とかクライエントの体験と、体験的な作用に働きかける、そんな理解ですね。

増井　先生の言うとおりです。実感で言ったら、クライエントの話を聞いていて、ある理論とか、因果モデルがふっと浮かんだときに、ポイと説明して、患者さんに「こんな感じかな？」と聞いてみる。するとわりあい、クライエントにも意味ある形で体験されていくように思います。

池見　そうですね。僕がよく言うのは、現代人は何を見るにしても、工業的なモデル、考え方にはまってしまっているということです。例えば、コップを見たとしたら、「これは、いつできたのか」「どうやってつくったのか」「誰がつくったのか」というふうに見る。
それと同じ視点で心を見ようとするんです。コップは工業製品だからそういう問いが成立します。でも、中身の水のことになると、「誰がつくった」と言いにくいし、「どうやってつくった」という問いが適切でないことがわかります。

増井　なるほど。

池見　まして心のこととなると、「この不安感は誰がつくった」とか、「どうやってつくった」とかいうことは当てはまらない。その問いの仕方が間違っているわけです。

増井　間違っている、うん。相応《ふさわ》しくないということですね。合理主義は心理主義（私の造語）とは、なじまないですね。だって、心は矛盾だらけの非合理的な特徴をもってますから。

池見　はい。だけど、やはり現代人、この文明の中にいる人たちはすごく工業化しているから、心も工業製品のように考えるんですよ。感じていることも、「誰かがつくった」「過去の要因がつくった」「どうやってつくった」とか、そういったふうに考える。クライエントさん自身でさえ、「先生、原因は何でしょうか?」みたいなことを聞いてくるわけです。そう聞かれたら、僕は説明はしないんだけれども、先生はどうされますか?

増井　僕は、「原因を考えなさんな」と言います。「原因を考えていけばきりがない」と。患者さんの中でできるだけ因果モデルを作用させないような工夫をします。原因を考えていくと、「昨日食ったサンマの頭が原因か?」「お母ちゃんとの仲が悪いのが原因か?」というふうに、一〇〇万通りもの原因が出てきて、すべてが正しいように思えてくる。だから、そんなものはいくら考えたところで無意味だと。
それと、「原因を考えることで頭は活性化されるけれども、気持ちは萎えてしまって疲れるばっかりだから、これはもう治療にならないからやめておきなさい」というのを、僕はきっぱり言いますね。

池見　なるほどね。

増井　ただし、患者さんが原因だと考えていることについてどんなふうに感じているかを問うのは、非常に生産的です。だから、「〝Ｗｈｙ〟よりも〝Ｈｏｗ〟を大事にしてくれ」と言う。そして「これは僕のやり方ですから、これで充分でないなら遠慮せず、ほかに行ってくださったほうがいいかもしれません」と。だから「なぜ生きているのか」を問う人に、「どう生きているのか」を問うということになります。「なぜ」という問いはわりあいいつも重いのです。

池見　なるほどね。原因を考えるなということですね。

増井　考えるなというよりも、考えても意味がない。私の考えでは、原因を追究することは治療的な行為ではなく、逆に非治療的に心を廃れさせるというか……。それは、くつろぐ、休養するとは別の作用をもつ、強いて言うなら治療の副作用というか、原因を探すことによって心が窮屈になり、イライラしかけるということも多くあります。

「べつに考えたければ考えてもいいんだけれども、それは頭ではわかっても、体で納得することとはまったく別だよ」ということを言いたいのです。まあ簡単かつ実務的に言うと、あまりしつこく原因を考えるのは非治療的だということを、直接言いますね。

池見　僕は最近、ちょっと仏教の影響で、マインドフルネスみたいなことをよくするんですよ。例えば、気分が悪くて、「これは母親が昔こうだったからだ」ということをクライエントさんが言っていたら、「まずは気分が悪いということに気づいておきましょう」と言うんです。それから、「そのことと母親を関連づけたことに気づいておきましょう」と。

増井　先生、そのときに「気づいておきましょう」という間の置き方でまとめているわけですか。その点が非常に大事だと思うのです。自分の心の中に、こんな気持ちもあればあんな気持ちもある。そんなふうに感じている「自分」がいることに気づいておくことがとても大切だと……。

池見　うん。「気づく」というのは、「考えない」という意味も含むんですよね。

増井　なるほど。そのとおりですね。考えると気づくための直感が低下しますものね。

池見　だから、いくら考えてもしょうがない。事実として気分が悪いというのがあるから、まずはそれに気づいておく。そして、「それに対して何かの説明をつけたいと思っていることにも気づいておきましょう」という具合に。

増井　なるほど。だから、僕なりに同じことを言ったら、「気分が悪いという気持ちもある」と。それで、「原因を考えたい気持ちもある」と。

池見　ああ、そうですね。

増井　そういうふうに悩んでいるということを、一つ一つ認めながら一つ一つ関係づけるのではなしに、悩んでいる「自分がいる」ということだけで充分なんです。* それ以上考えると妙な関係づけや理屈に傾いていって、せっかくの大事な気づきを崩してしまいますもんね。そうではなく、考えることによってまとめようとせず、逆にバラバラにしてできるだけ因数分解するんです。すると因数自体のゲシュタルトになる。それを気づきと言えるときもありますからね。

池見　うん、分解していく。

増井　頭の中の作用としては、因数分解とは逆の方向で、論理的に要約したりしようとするんです。するとわかったつもりになるけど、それは単なる「つもり」です。だから逆にそれを全部因数分解していくと、無意味に思えていた一つ一つの概念に、意味があるという

*この点についての細かい方法例は、文献㊳に詳しく示されている。

ことに気づくんです。

例えば、「昨日夫婦喧嘩をして腹がたっていることを気にしている」という自覚には、「それはどんなふうに気になっているのか?」「それについてどんな気持ちがあるのか?」など、一つ一つゆっくり点検していくわけです。僕は自覚とか気づきという言葉より、いろいろな心の点検という表現をあえてよくします。点検とは、洞察とかいう高尚で複雑な作業に相反する単純な作業だからです。そして、それ自体に充分治療的な意味があるわけです。

池見 人は結構いろんなことを関連づけているというか、ある種の関連づけられた塊になっていて。だけど本来、それらは全然関連がないことなのかもしれないですね。

増井 そうなんですよ。とくにいろいろ考える癖のある患者さんみたいな人、対人恐怖症の人なんかはね。外に出る前に外で出会う人のことをいっぱい考えて、二時間考えて、出たら誰もいなかったり(笑)。

池見 そう、「自分はどう見られているだろうか?」とか、「電車で前に座った人は、僕のことをどう見ているだろうか?」とか考えてね。それでいざ電車に乗ったら、誰も前に座っていなかったとかね(笑)。

III 面接初期の配慮

1 どこに座れば、話しやすいか——生きた「間」の感知について

増井 今までは、だいたい僕の立ち位置とか、理論的な背景とか、いろんな理論の中から見た自分のプロットとか、そういうことが中心でしたが、これからはちょっと実践論になっていきます。

「面接初期の配慮」ということで言うと、僕がいちばん意識するのは、患者さんにどこに座れば話しやすいかということにこだわらせることです*。そのときに、例えば僕は患者さんに、この位置だったらどんなふうに感じるか、場所を変えながら言ってもらうんです。それで、「あなたにとっていちばん話しやすい、ないし安心していられる位置を自分で探して」と。だから、椅子は必ず、簡単に移動できる、コロコロするやつにしています。

池見 僕は、それをワークショップでいつもやりますね。「どこに座ったら心地良いですか」と言って。最初はわざと、僕は参加者さんの近くに座るんです。そうしたら参加者さんはちょっと下がったりするので、「ああ、そんな感じで良いところを探してください」とか言って。でも、臨床場面ではあんまりやっていないなと思いました。

*位置と気持ちとの関係の覚知練習の方法などは、文献㊳に細かく述べている。

増井　僕がこれをやるのは、「今、あなたにとって良い位置があるように、あなたと問題との間にも良い位置関係というのがあるはずだから、この感覚を大事にしてください」という予告編をちょっと含んでいるわけです。それは、さっき述べたような関係の仕方の問題ともろに関係してくるんです。だから、座る位置にはちょっとこだわってもらう。

　だから、家族が一緒に来たときなんかは一騒動あるよね。「お父さんはここでなければ」とか、「いやいや、おまえはそんなことを言うけれども、俺はここで」とか、そういうのを見ているだけで面白い。ものすごくあとの理解の参考になったり、その家の家族関係がよくわかってきてね。

池見　それをお聞きしていると、インターパーソナル（interpersonal: 対人的）なスタンスと、イントラパーソナル（intrapersonal: 個人内の）なスタンスが、何か並行しているというか……。

増井　そのとおりですね。目に見えるイントラパーソナルな関係です。内的な関係とパラレルに座っているということで、問題の置き場というものがすんなりと導入できるわけですから、そういう目的でもあるんです。

池見　そうなんですね。話がちょっと変わりますが、高野山に行ったときに僧侶の方から聞いた話がありまして。奥の院を隔てる三途の川を渡るときに、体を清めないといけないそうなんですが、まさかそんなところで水に入るわけにはいかないので、代わりに仏像に水をかけるんですって。その仏像を自分だと仮定して。「外のものは内なるものだ」というような説明をするそうです。そして、同じ発想で「悟りを開きたい人は、自分が住んでいる部屋を片づけなさい」と言うらしいんです。部屋を片づけると、空間が生まれて整理ができるから、心の中も整理ができるんですって。

　僧侶の方がそんなふうに、「外の世界と内の世界は一緒だ」と説明されるのを聞いてびっくりしました。「いや、それはこっちの台詞だろう？」と思ったりして……。

増井　そうですね。それは患者さんが良くなる兆候としても、必ず部屋の整理と、アルバムの整理と、身だしなみへのこだわり、女の子だったらこの三つがどこかで出てくる。男の子の場合でも。そしてそのとき、「ちょっと元気になったんじゃない？」というようなことを言うと多くの人は喜びます。本心から喜べるというか……。

池見　うん、僕も言います。何かそれが見えますものね。

増井　そう。それと、足どりとか、部屋に入ってくるときの感じとか、もう言葉よりもよくわかる。

池見　はい。ちょっと面接の話に戻ると、他人とすごく距離があって寄せつけないというような人が、結構自分の気持ちも寄せつけないというか、遠ざけようとしているとかもありますね。それから、他人に対してあまりにもべたべたっとした感じだと、自分の中も結構べたべたとしているというか。

増井　そう、だから、めったにないけれども、座るのにふさわしい位置がなくて、部屋の外に出ていって、待合室で待っている男の子がいたんです。それはそれでＯＫなんです。

池見　それぐらい遠いんですね。待合室！

増井　そのぐらい遠いので、彼にとってちょうどいい。そのときに何をするかといったら、ある一定の時間そこにいて、また良い位置が出てきたら動いてくれということで、それで三〇分、勝手に動いてもらって終わるんです。そういうケースは、僕は何例もあります。それらのケースはすべて経過はとても良かったのです。この患者さんは、自分が感じる問題に関して適当な位置感覚を三〇分も実感しながら点検・確認したということは、自分の問題に対して適切な距離を感じるという治療的時間を三〇分もとっていたということにな

ります。

池見　そうですね。これって、本当は位置ではなくて、ちょうど良い関係というか、そこがすごく大事なのかなという気がするんです。

増井　関係でもあるけど、位置の体感というか、そういうことを考えたことがない人が多すぎるんです。だから、ある位置を見つけるということは、非常に新鮮な体験であったり、その作業自体が治療的だったりするのです。「ここがいいか？　あそこがいいか？」、これらの内省はすべて自分の問題との触れ合いですから。あとから患者さんに聞いてみたら、こんな気楽な位置があったことを知らなかったとかいうことが、ときどきあるものね。

池見　「こんな気楽な位置があった」というのは、「先生とこんなに気楽な感じで座っていられる関係があると知らなかった」と言っているのと、実は同じことで。「自分の中にあるいろんな気持ちとも、こんな楽な関係でいられると知らなかった」と言っているのと同じのようなことですよね。

増井　そう、そのとおりだと思うね。待合室で待っている子は、帰りの挨拶はちゃんとしに来てたんです。それも時が経つにつれ丁寧になり、最後あたりは「もうこれで帰りますから、ありがとうございました」と。やっぱり彼にとって、そういう体験は新鮮だったのではないかと。何もしてないけど、彼は心の中で自分の問題をいろいろな角度から感じたり考えたりして、そこそこの位置に落ち着いたということは明らかに見てとれるものね。

池見　僕は、若めの男性のクライエントさんたちに、「年上の先生なのに、自分の言っていることを本当にちゃんと聞いてくれる。そういう関係が良かった」というようなことをよく言われますね。関係が治療的に働いているというような感じですよね。位置でもあるし、関係でもある。

増井　それは、もう位置＝関係と言い換えてもいいと思う。だから、あまり離れすぎず近づきすぎず、そこそこ自由でいられる位置があるはずなんです。それを探そうとしないということが、問題の一つである場合も多いわけです。

　例えば不登校の場合なんか、家族会議を開くたびにごちゃごちゃと問題がもつれる。そんなときは話し合いをやめさせて、母親と子どもに最も適当でお互い少し楽でいられる位置を面接で発見し、その物理的な、客観的な場所や位置関係だけ守り、あまり「ああだ、こうだ」という話はしないでもらう。できるだけ無口でいることを守らせるだけで、気分がだいぶましになったという事例もいっぱいあるわけです。ちなみに神田橋先生は、情緒障害児が出た場合のタブーの一つとして、「家族会議をすること」を挙げています。

池見　そうですね。

増井　それは、「理屈を言い合うのではなく、双方が比較的気楽でいられる物理的な位置関係だけ黙って守れ」ということです。「次に来るときまで、位置関係だけは守るように」と言うことがよくあります。話し合いが妙に延々と続くとき、それをやめさせ、黙って位置関係だけ守ることを心がけたら、ずいぶん親子関係が穏やかになった事例もあります。

池見　なるほど、位置ねえ。「面白いな、難しいな」とときどき思うのは、例えば女性のクライエントさんの中に、非常に丁寧に話を聞いてもらうという体験がとても印象に残る方がいるのですね。そのこと＝親密さみたいに理解しているから、「人生の中で、こんなにちゃんと話を聞いてもらったことがない」と思うと、何か愛着関係に結び付けて誤解するようなところがあるのかな、みたいなこともあって。この関係はいいんだけれども、何かそれが親密すぎるかのように感じる人もいる。

増井　僕には、そういうことはここ数十年ぐらい一回もないな。

池見　ないんですか？　先生！

増井　なぜかと言うと、僕はそういう位置まで感じて、自分の最も話の聞きやすい内的な位置関係や外的な立ち位置を決めているからだと思う。非常に親密な位置ではない、互いに安心していられる心の位置関係という感じとかね。だから、そういうことがあってもいいだろうけれども、僕はそういうことは一回もない。僕は、治療者がもうちょっと正確で適切な位置取りの内的感覚をしっかり身につけたほうがいいと思います。

　この場合の位置取りというのは、物理的な位置ではなくて、患者さんの心と治療者の心のほどよい位置関係を探るという内的作業です。むろん、治療者の中のアンビバレントに対して素直であるということはその位置を決める大切な要因です。

池見　まあ、そうかもしれないですね。

増井　それと、両親と子どもの親子三人を面接する場合も、みんな同じようなそこそこの心の位置でやるから、一対一の面接よりもやりやすいんです。そのときに、「患者さんの秘密が漏れるから別々に治療したほうがいい」と常識的には言うけれども、僕はそれは間違いだと思います。別々だと同じ情報が共有できないし、一緒のほうが、治療者も「お父さんはこう言っているけどあなたはこう思うのよね」とか、直接的に間に立ちやすいのです。それは親・子・治療者がリアルタイムでその場を経験することのメリットです。それが親と子が別々になると、その場で互いを確認できないうえに、最悪の場合、親子が別々の方向に船をこぎだすということもいっぱいありますから。

　例えば良い子であった子が治るとき、一時「悪い子」になることはよくあります。非行めいたことや、少し家族内暴力のようなことを起こす場合がありますね。そのとき、双方が一緒のほうが、互いに心の理解のための要点が共有されるからです。だから一人の治療者のほうがいい。

池見　そうですね。母子並行面接はそういうことでしょうね。

増井　うん。ずっとあとから出てくるけれども、患者さんって必ずどこかで、他人とか、ほかの社会とかにミッシング・リンク（輪っかから外れていること）されているものです。だから、それをリンケージ*する（つなぎ直す）のは、やっぱり一人の治療者でやるといいですね。その治療者を中心にリンケージしていくという過程はとても治療的です。

池見　なるほど、ミッシング・リンクね。

増井　患者さんは、おそらくどこかで、多くの関係が途絶えてミッシング・リンクされているわけです。

池見　ミッシング・リンクを探しているのかもしれないです。

増井　やっぱりリンケージすることが大事だと思います。

2　視線を外せる配慮と来院する副作用について

増井　では、次は簡単なことだけれども、「視線を外せる配慮」。それは、視線の被爆性というのがあって、視線そのものはどこかで外さないといけないケースもあります。そのために僕はいつも患者さんから見える方向に、緑の多い木や森の絵とか、仏様の写真とかを置いてます。また、視線を外せる窓などがあればいいですね。

　それと、この次が僕だけのやり方かもしれないけれども、紹介状があったときに僕は最初から読まないんですよね。それで、その理由も患者さんにちゃんと言うんです。「あとから紹介状を読むけれども、まずは自分の目でまっすぐに見たいから」「同じことを二回繰り

＊文献㊲を参照。

返すようで悪いけれど、しっかりとご本人から話を聞きたいから」ということを言えば、たいていの患者さんはかえって喜んで協力してくれます。こちらの誠意が伝わることが大切です。

池見　そうですね。

増井　「そこに書いているでしょう」と言う人は誰もいませんでした。それで、三回目ぐらいの面接のあとに紹介状を見ても、ほとんど病気のことばっかり書いて、病気の伸びしろのことなんか何も書いてありません。

池見　逆に、どんな紹介状が役に立つんでしょうね？

増井　もう少しあとにも話すけれども、医学的な概念とともに、「この人にこういうことがあったら、もう少しましになるかもわからない」という伸びしろの部分を書いてある紹介状がとてもいいと思います。けれども普通の紹介状は、医学的な共通用語として、「統合失調症と診断しますので、よろしくお願いします」で、スポンと切られている。それで、患者さんが自分を統合失調症と理解して得られるメリットなんか何もないと思います。

　患者さんが知りたがっているのは、「どうしたら自分はもうちょっとましになれるか」という伸びしろの部分です。だけどそれを書いている紹介状は見たことがないね。

池見　「こんなふうに僕は感じるから、増井先生に紹介したいんです」みたいなのはいいなと思うんですけれども、ただ、相手も知らずに書く紹介状というのは、そういうわけにいかないので。なぜ僕に紹介したのかという理由が書いてあるようなのがいちばんうれしいなと思うんですが、あんまり見たことがないです。

増井　紹介理由や診断名なんかにしても、面接の三回目ぐらいに初めて読んで、「ああ、こういうことか」と感銘を受けた紹介状なんかあまりないね。ただ一つ、神田橋先生からきたのは違っていたね。「一年以上、この人と面接が続けられたら上出来です」という、そんな紹介状でした。

池見　（笑）。僕も産業医大の頃、神田橋先生が結構紹介してくれていたんですよ。「僕は精神科の所属じゃない」と言っていたんだけれども、それでも精神科の外来から電話がかかってくるんですよ。「紹介状を持った人が来ましたけど」って。それが、難しい人ばっかりで……。

増井　そうねえ。それが、バリバリのボーダーラインの患者さんがいてね。今で言うボーダーラインとは少し違って、昔で言うボーダーラインの、本当に精神病と神経症がダブったような人で、受診者歴がすごい患者さんで。とても著名なO先生からK先生に移って、K先生から神田橋先生に。

池見　すごいですね（笑）。

増井　それで、近くにいるからという理由で、僕のところへ来たのね。もう、その彼を理解するために、頭を二つも三つも欲しかった。椅子一つに座ることから何から、話をするまで二〇分ぐらいもかかる。椅子をきれいにしたり、姿勢を直したり、座る前に儀式をするんですね。僕がペタッと座ったら、「なんでそんなふうに平気で座れるのか。きれいに座りさい」とか言って。

そんな人が、自然についての哲学を話しだしたら、もう素晴らしいわけです。ものすごく自然について考えているけれども、これがまたいちばん不自然なのです。それで結局、散々文句や何やかんや言ったりしてきて。

僕は、その患者さんの面接が終わって車で帰ろうとしたら、信号が赤なのにスッと行きかけるほど感染力のある人だったんです。

池見　感染していたんですね！

増井　ほかのときは誰でも、面接が終わったらその瞬間にパッと意識を切り替えられたのが僕の特技だったけれど、そのときはファンタジックな世界に完全に感染していたよ。それだけだったらいいけれども、面接を二年近くした結果、エンディングが面白かった。

　もう二五年くらい前のケースなので話をしてもよいと思うのですが、「ここへ来ても、病気のこととか悪いことばっかり話をするだけで意味がないから、俺は休む」と彼は言いました。それで、休んでいるときはかなり調子が良かったんです。悪いことについてあんまり話さなくていいから。結局、病気のことをわかってもらうために、せっかく忘れていた病気のことを話しだすと自分は気分が悪くなるという、面接の副作用を二年もかけて彼は命のレベルで知ったのではないかと思うんです。

池見　僕は、それを聞いたらすごく歓迎しますね。「どうぞ、休んでください」と思いますね。

増井　ああ、僕も休むほうがいいと思う。病院なんて、来なくてもいいようになるために来るところだしね。それで結局、自然に来なくなって、あとから電話で聞いてみたら、「もうわりあい元気で、病院なんか行くものではない」と言って。

池見　（笑）。

増井　それは、僕は、当たり前だと思ったね。

池見　そうですね。それはすごくいい治療だったのではないかと思いますね。そういう終わり方って、素晴らしいな。

3　なぜ、生活史を聞くのか――共感としての生活歴をめぐって

増井　僕たちは、大学にあるインテイク・シートとか、カルテでも、「既往歴」とかを何となく書いていています。基本的には、僕自身の立場はこれからどうなりたいのかを中心とするフューチャー・オリエンテイティッド（future orientated：未来指向的）なので、あれはとくに必要はないんですけどね。そして、決まりきった質問を事務的に聞かれると、患者さんはうんざりすることもあれば、ほかのことを言いたくなることもあるしね。治療が進むにつれ自然に埋まっていくのが自然だと思うけど。

池見　そうなんですよ。生育歴とか、なんで聞くんですかね？

増井　僕は、僕なりに考えてみたわけです。僕は、生活歴とかは、向こうが話したいときにはもちろん聞くことにしています。だけど、それは生活歴を聞くためでなく、共感のために聞くということが大事ですね。要は、外的生活歴と内的生活歴の両方を聞くわけです。例えば、長男とか長女だったら、「親の過度な期待を背負って大変だったかもしれない」とか、義理の子どもなら、「周りに気を遣って、ちょっと神経過敏になっているかもわからない」とか。類推して、共感して、「そのとき、大変だったでしょう」というような形で聞いていけば、生活歴を聞くことは治療的面接にさえなると思うんです。

　それと僕がもう一つ大事だと思うのは、その人なりに昔から困っていることがあって、それに何とか対処して今に至っているわけで。ただ、そのときにどんなふうに対処しているか、本人はわからないわけです。例えば不登校なら、学校を休むというのは対処の一つで、それは能力でもあるんです。そこで「何となく休んでたら、なんだか自然に学校へ行

くようになった」とかいうふうになれば、その子は「一定期間休みを与えたらやる気になる資質と能力がある」というふうにこっち側が考えられて、それはそのときに患者さんに伝えて少し意識化することもできるし、これからの面接に活かせるでしょう。

　だから、その対処法というのは、将来その人の治療に役立つに決まっていると思うんです。昔できたことは今もできるけれども、昔できなかったことをやろうとしても、ものすごく難しいわけです。例えば真面目な人に、「ちょっといいかげんになれ」というアドバイスは酷なんです。それよりか、「もっと真剣に考えてみたら」というほうがわかりやすいよね。

池見　うん、そうですよね。

増井　生活歴を聞くというのは、患者さんのもつ天性の対処能力について、場合によっては少し言語化するということ。例えば、「あなたは、ちょっと休んだら行く気になれるような、そういう傾向があるんですかね?」とか聞いてみる。そこで「そうです」と返ってきたら、それはある種の一つの枠組みになって、「じゃあ、もうちょっとゆっくり休んでみようか」とか、いろんな発想が広がる。そういうことのために、僕は生活歴を聞いている気がする。とくに、自分なりの心が生きのびるための対処能力であり、このような少しの自覚はとっても大事です。

池見　そうですね。

増井　専門的には対処能力と言っても、ちょっと分析的な言語を使うと、本人の生まれもった資質としての防衛能力の社会的洗練、それを高めていくということが適応ということになってくる。防衛そのものはみんなしているけれども、そういう枠組みで見ると、アクティング・アウト（行動化）を社会化して上手にする方法が適応ということになっていくわけ

です。だから、そのための大事なデータとして生活歴を聞くことがあるということを、少し明確にしておきたいんです。

池見　僕は、「共感」という概念と「追体験」という概念とを最近は区別しているんです。生育歴を聞くというのは、僕にとっては、やっぱりその人の生を理解するため。「理解」という言葉のほうが、僕は何かいいような感じがするんですね。

増井　なるほど。

池見　これは「追体験」についての一つの考え方ですけれど、ある意味「その人をその人以上に知る」ことで、その人が当たり前にやってきたことが、こちらから見るとすごい対処をしていたということがわかるんですよ。

増井　考えてみれば、「当たり前ではない」という自覚をもてることは大事ですね。

池見　すごく絶妙の判断をしているということを、場合によってはこちらから伝える。そして、初めて本人がそれはそういう対処だったんだということに気づくとかね。

増井　そういう話が出るときというのは、かなり大事なときですね。それで、その話がうまいタイミングで出たあとの表情というのは、ずいぶん変わるよね。

池見　そうなんです。

増井　それと、「学校や会社を休む」とか、自分がしている行動の先に何があるかということが見えてくるよね。それなら、そういう意味で、先生の言うことはとてもよくわかる。

池見　だけど多くの場合、そういうことに気がついていない。例えば、「勉強して良い大学に行きました」みたいな人も、実は、親元にいたら何か自分が潰れてしまうみたいで、何とかして親元から出たくて、わざわざ遠くにあるレベルの高い大学を受けて……。そこで、「あなたには、そこに向かって勉強していく力があるんだね」「そうやって難しい状況を何とかやりくりして、実行できる力をもっているんだね」と。そういうことに、本人は気がついていないこともあるんですよ。

増井　うん。とくに、家出とかいうのは、やっぱり家出も能力というふうに言うと、だいぶ本人の見方が変わるものね。愚痴っぽく言っていたのが、それを知ると誇らしげにさえ語るときってありますよね。家出って、社会的な良し悪しを考えたら問題になりますが、純粋に精神衛生とか自己発展という点から考えると、それは自立とか、身内への心の距離の再確認とか大きな意味があります。だから一時、私は「家出のすすめ」をさかんにしていたときもあります。

池見　うんうん。

増井　家出したくてもできない人は、いっぱいいる。

池見　そうそう、ものすごい能力がいる。

増井　それは、おそらくその人の心のサバイバルというか、その人の心を生き抜く一つの方法と、身につけられる実になると思います。そこまで洗練して見ていくことができたら、患者さんはものすごく楽になる。だから、「あなたは昔、こんなことをしたんだけど、これは、こんなふうにしたら、こんなふうになったんだよね。だから二年か三年ぐらいで、何とかなるよ」というふうに話すと、患者さんは自分の過去について別の振り返り方をするからね。

池見　「不良でした」とか、「非行少年でした」ということは、実は、それもかなり難しい状況を何とかして生きようとしてきた、その人の能力なんです。

増井　そのときに、善悪を絶対に持ち込まないことです。教師とか一般の人と違って、僕たちには「何でもあり」で善悪はないんです。ただ、心の健康とその成り行きだけを純粋に考えるという、ある種の職業的な特徴があるものね。

池見　そうなんですよ。僕は、とくに日本文化全体的に、ちょっとそんな感じ方があると思うんですね。テレビで刑事ドラマを観ていても、犯人にはちゃんと犯罪を犯す理由があるんです。反対にハリウッド映画を観ていると、悪い奴はどう見ても「悪《ワル》」で、理由なんか関係なく「悪」でしょう。日本はそんなに、善悪、白黒をはっきりしたがらない、そんなスタンスがあると思うんです。

増井　ありますね。

池見　人が生きようとしている、生き進もうとする、何かそういう力と言いますかね。

4　体験と追体験は対になっている

増井　追体験していて、自分の中に見えてくる面があるなら、先生の言う追体験というのは、身の入れ方としては相当身が入っているということですね。僕としては、「仮に自分が患者だったらどう扱われたいか」とか、その程度の身の入れ方がとても治療的だと思います。ただ、先生の追体験というのは、「仮に自分が患者だったら」ではなしに、自分が患者として追体験している部分もあるわけですよね。

池見　うん、そうですね。「患者としてはどう扱われたいだろうか」という部分は、むしろ共感のほうかなと思うんです。でも追体験は、ある意味でいつでも生起している。特別に何かしなければいけないことではなくて、例えば映画を観ていても、聞いていても、追体験は自然に立ち上がっています。どんな人の話を聞いていても、何かそこに、聞いている人の体験世界が立ち上がりますよね。それを通してしか他者の理解はできないのかもしれない。

増井　なるほど。それは、深い意味での了解ということとはまた違うんですか？

池見　了解……うーん。暗在的な了解（implicit understanding）なんですよね。それこそ体験過程なんですけど、もともと体験は言葉になっていない。人は何かを体験して、それに表現を、例えば「もやもや」という表現をあてて、それで「私はもやもやしている」という了解とか理解とかになるんですよね。

　そして、「いや、もやもやじゃなくて、不安なんだ」と言うと、その瞬間、今度は「私は不安なんだ」という理解に変わる。そういうような意味で、常に体験は過程となっています。「何かもやもやしているな」と自分で言ったとき、「自分は今もやもやしていると言ったな」という自身への追体験も生起しているからこそ、「いや、これはもやもやというより不安だな」というふうに思えるわけです。

増井　なるほど。

池見　ジェンドリンの体験過程論や哲学が非常に面白いのは、体験と追体験がいつもセットになっている点なんです。人は何かを体験しながら、同時にそれをビデオ・モニターで見るように追体験しています。体験の最中に、「ああ、こんなふうに、俺は自分で言っているな」みたいなことに自分で気づいて、そこから変わっていく。体験と追体験の両方が起こっている。

増井　ある種の追体験について体験しているということを、また体験しているというプロセスのことかなあ。僕は何かよくわかないけれども、クライエントの話を聞いているときに、クライエントの話を聞いている体験と、クライエントのことを追体験することとが、時間的にはわずかにずれますが必ずセットになっているね。だから、そういう意味では、治療者と患者との体験と、その体験からくる追体験と、それらを込みにした治療的な視点ができてくるということはものすごくよくわかるんです。

池見　食い違いがあるときが面白いですよね。何か、自分の追体験とクライエントの言っていることがちょっとずれているときに、そこで初めて自分の理解がずれているとわかったり。あるいは、自分で言った言葉がちょっと違うとか、クライエント自身がずれているときがあるんですね。それで、本人は気づいていないけれども、こちらには違和感が生じるとか。そこを聞いてみると、訂正されたり、気づいたりとか、そんなことが起こりますよね。

5　治療者の素直さの重要性

増井　僕は、治療における人間学的な方法の中でいちばん大事にしている必須条件として、「素直さ」ということがあるんです。何でも素直に、聞くなり確認するなりするということが、非常に大きな治療の態度や技法のベースになるんです。さっきのずれの話ではないけれど、そのずれを率直に患者さんに聞くというか……。

池見　そうなんですよ。カール・ロジャース*の（治療者の態度をめぐる）有名な三条件というのがあって、その最初で、いちばん大事なものは「治療者のジェニュインネス（genuineness）」だとされています。それが日本語では「純粋性」と訳されていて、この「純粋性」って何なのか、多くの人はわけがわからないみたいなんですよ。ジェニュインネスの「ジェニュイン（genuine）」は「本物」という意味で、「本物の私である」ということになります。だから、僕が訳し直すとしたら、「誠実さ」とか「素直さ」とかになるわけです。

増井　やっぱり、僕は純粋性というより「素直さ」とか「実の私らしさ」というほうが治療

* Carl Rogers（一九〇二～一九八七）はアメリカ合衆国の心理学者。「クライエント中心療法」の創始者で、カウンセリング心理学のパイオニアの一人。

者の有り様としてわかりやすいし、僕の方法にぴったりきますね。例えば腹がたつときに、その数秒前に何か寂しくなったり、やるせなくなったりなるじゃないですか。そのときに、腹をたてるよりも「やるせなくて寂しい」と言うほうが、非常にコミュニカブル（communicable）なんです。

僕の臨床例で、高圧的な上司がいる職場で、何人もの女の子が抑うつ症になって次々と僕のところに来たんです。そのときによく聞いてみたら、「腹がたつ前に悲しくなる」と。そこで僕が「それなら、それをあなたたち一人が三回言うよりも、三人が一つのことを言ったほうが効くから」と言ったら、実際に「寂しい」と言ったり、泣いたりする人もいたんですよね。そうすると、もうびっくりするほど上司は変わるの。僕もそれは予想外だったな。

だから、素直さとか、元体験《げんたいけん》にできるだけ戻って出てくる言葉の威力というか、あれはちょっとすごいと思ったことがあるね。

池見　そうですね。これは（心理療法）面接では活きていきますね。治療者や面接者、セラピストの素直なところから言葉が出てくるときの威力……。

増井　だから、「ちょっと待って、これはこういうこと?」というのが大事だよね。聞き流すよりも聞き返すほうが、よっぽど大事だと思います。

池見　そうそう、僕もよくクライエントさんの話を止めるんですよ。「ちょっと待って。今のところ、何か知らないけれども僕の中で、聞いていて悲しい感じになったんだけど」とか、そんなことを言ったりしますね。そうすると、かなりそれは力があるんですよ。

増井　治療者が率直にならないと患者も率直になりにくいし、まず健康な人から心の風通しをよくすることは治療者の大事な仕事だと思います。それを融通《ゆうずう》無碍《むげ》にできるようになることが、やっぱり面接に慣れるということで、相手を信用できているということかな。クライエントを一人の人間として信用できる場合は、相手に聞くということがものすごく容易にできますよ。つまり、正解は相手がもっていると考えるとね。
　例えば、どうしたらいいかわからない場合は、初心者の人は「どうしたらいいかわからないから、ちょっと考えさせてください」と言うほうが、黙ってわかっているような顔をするよりもよっぽど治療的です。言葉より態度というか、やはり先生の言う誠実さ、素直さが治療関係にはとても大事な要件となると思います。スーパーバイズで何回もそれは言ってきたし、実際にやらせてみて、決して悪い結果ではなかった。

池見　そうですね。それは、面接の中で「今日は何がしたいですか」と言うことも含めて、ですね。あるとき、あるクライエントさんが初回面接のあと、「先生との面接では、マインドフルネスをするんじゃないかと思っていました」と言ったんです。なぜなら、「先生が、マインドフルネスについて講演をしているのを聞いたことがある」と。
「それがしたかったのか」と思って、二回目の面接で「今日は何をしたいですか？　マインドフルネスをやってもいいし」と言ったら、「今日は話したいです」とか言って（笑）。そこで、「じゃ、僕は話を聞きますね。でも、何かほかのことをしたくなったらいつでも言ってくださいね」みたいなことを言ったりしていました。だから、こちらから治療方針を決めて、「この人は五回続けてマインドフルネスをやるんだ」とか、そんなふうには僕はあんまりしないですね。

増井　僕も絶対にしない。僕がものすごく大事に思うのは、「こういうことのために今がある。それは、あなたもそうだ」というインフォームです。お互いの共通意識、共通目的、インフォームにはものすごくこだわるね。お互いの同意というか。

池見　そうですね。「インフォーム」という言葉は、医療ではよく「インフォームド・コンセント」とかで使われているけれども、それは治療者側が何かの治療方針を立てて、それについて情報提供＝「インフォーム」して、そのうえで同意＝「コンセント」してもらうという考え方です。
　でも僕はそうではなくて、毎回、クライエントさんと一緒に考えるみたいなところがあります。一方的に治療方針を決めるのではなく、一緒に考える。

増井　なるほど。そういうインフォームの聞き方もあると思うけれども、「僕はこう思うんだけれども、あなたはどう思われますか?」というふうなインフォームもとても大事です。

池見　うん、そうですね。

増井　双方が思いや目的を共有せずに、知らないうちに違う方向に進んでいくということは、ものすごく時間のロスでもあるし関係のロスでもあり、患者さんにとってもやっぱり苦痛だと思います。とにかく同じ方向を向いて一緒に歩いていくという、そういう微調整はとても必要だと思うんです。

池見　そうですよね。少し話は変わりますが、昔、よくイメージを使うセラピーを先生は……。

増井　していました。はい。*

池見　そのときに、クライエントさんが「今日はほかのことをしたい。イメージではなくて、しゃべりたい」とか言ってきた場合って、何か聞きますか?「今日もイメージでいきましょう」とか、「今日はイメージじゃなくてもいいんだけれども、どうしましょうか」とか。

増井　聞かない。成り行きで決めます。

池見　ああ、成り行き。

＊このあたりについては、文献⑫および文献㊱の一七三～二〇二頁を参照。

増井　うん。あらかじめ今日は何をしたいかということは、あんまり僕は聞かないね。「ちょっとイメージでもしてみようか」とか、そういうことで最初から提案するということはまずないです。
　例えば面接の中で、患者さんが「怒りが風船のようにパンパンに膨れ上がっている」とかイマジナティブな表現するときに、「それを爆発させないために、どんなカバーをしたらいいですか」などとイマジナティブな表現で聞いてみると、イメージ面接になっていくんですよね。* だから、成り行きなんです。

池見　でも、例えば治療面接の一回目にイメージをしたら、クライエントさんは二回目もイメージするものだと思って来たりしませんか？

増井　うーん、細かい理由をあげると長くなるのでやめておきますが、あるときから僕はめったに最初からイメージはしなくなったんです。原則として、クライエントが面接に慣れて、話すことにも慣れてきてからイメージを始めるほうが、導入としてもいいし反応もいいので。

池見　ああ、なるほどね。

増井　最初からイメージを使うということは、経験上したことがないから、それはわからないです。ワークショップの場合とかだったらまた別だけれども。

池見　「心の整理学」、クリアリング・ア・スペース（clearing a space）** のイメージもそうですか？

増井　そうですね。成り行きだね。例えば、患者さんが多くのことを連続してしゃべり続けるときに、話の成り行きからそれが必要だと判断できる場合、クリアリング・ア・スペースをやってみる。「少し待ってね。一つはこういうことね」「もう一つはそういうことね」と

*このあたりについては、文献⑫などを参照。

**「フォーカシング」の一部として用いられる、気がかりなこととの「間の置き方」の一種。

いうふうに。それは、そこで必要なときに必要なぶんだけを行うということで、最初からは行わない。最初から行うのは、自分に対しての場合です。

　僕もやっぱり最初の頃は、いろいろな形で治療者の中での問題にとらわれることがあって、クリアリング・ア・スペースのようなことをしたときがあったね。けれども、どんな人に対しても空白に近い気持ちで会えるようになってからは、僕にはわざわざそれをする必要はなくなってきたんです。そもそも最初の頃は、クリアリング・ア・スペースという作業の核がわからなかったのかもしれません。

　でも面接することに慣れて、患者さんがどこからどう来ても自在に動けるような感じがしたら、もうそこは必要がなくなってきたような気がします。今では僕にとって、クリアリング・ア・スペースとは自分の自存性とも言えると思います。

池見　それは、増井先生の中で、ですね？

増井　そうそう。それは、もう患者さんの側ではなしに自分の側だね。僕は、クリアリング・ア・スペースの能力というものは、その人の臨床のあらゆることに相関するような気がします。だから、ベースのベースは、やっぱり治療者のクリアリング・ア・スペース能力***みたいなものかもしれない。

　もちろん天性でできる人もあれば、そうでない人もあるけれどもね。最初からちょっと歪んだ形で物事を見ている人を見ると、「天性として、心を真っすぐすることができないような人も世の中にはいっぱいいる」と思うこともあります。

池見　そうですね。

増井　それで話は変わるけれども、「自分と他人とは違う」ということを知っているのは生まれつきのもので、教育可能なものではないということです。これは神田橋先生が言った

***このあたりの論述は、文献⑰および文献㊴の一二六〜一三六頁を参照。

ことなんだけど。たしかに教育がむずかしいというのが実感です。言ってみれば「心」オンチというか。

池見　そうですね。少し話を戻すと、「面接で何をするか」というのが、僕の場合もそうなのかもしれないけれども、決まっていないですね。初回面接でクリアリング・ア・スペースをしたこともあるし、しないときもあるし。初回面接ってインテイクですからね。

　摂食障害のクライエントさんで、体重は回復してきて摂食障害とは言えないぐらいまでになったけれど、「死にたい」という観念がとれない女性がいて。ずっとその「死にたい」をしゃべるので、「じゃ、『死にたい』という観念を、ちょっとの間だけ分厚いカルテのここに置いておきますよ」とか言ってね。

「今日は初めてだからね。ほかにもいろいろあるかもしれないから、『死にたい』のはここに置きますよ、いいですか」と、僕はテーブルの上の分厚いカルテを叩くんですね。彼女はそれを見て「うん」と言うんです。そこで「ほかに気がかりは何かあるの？」と聞くと家族のことが出てくるから、「じゃ、それはここね」と言って、別のところを叩いてね。

　そして、次は「他人の目が気になる」と言うから、「どんなふうに気になるの？」と詳しく聞いていったら「私のファッションやメイクはダサいんじゃないか」と。パッと見たら素敵なファッションをしているので、「いや、そういうことを気にする人はファッションがお好きなんじゃないですか」と僕が言ったら、「実は、私はファッションが好きで」と。そして「じゃ、そのこともここに置いておきましょう」と言ったら、そこでクライエントが、「そういうところでは、生きていたいんです」と言った。

増井　なるほど。

池見　「じゃ、生きていたい気持ちにも気づいておいて、それはこの死にたい気持ちの隣に置いておきましょうね」みたいな感じで四〇分やったら、テーブルの上にいっぱい載っているんですよ。そしてそのテーブルからちょっと下がって、「あなた、こんなものをいっぱい抱えて生きているんだね」みたいにして眺めて……。

増井　よくわかる。僕はいつも同じようなことをしているから。*

池見　それは初回面接でやったけれども、それからまたしばらく何年もやっていないですね。だから、何かタイミングというか、出会いというか。

増井　それは、僕は思うんだけれども、彼女の中で大まかな意味での心の整理がずいぶんできつつあったときに、先生がそれを感じて、そういうことをされたのではないだろうかというのが一つ。同じことの繰り返しで話が進まないときは、「それはどこに置いておいたらいいか？」ということをイメージして、「ほかにどんなことがあるか？」というのは、僕もよくする。だから、それは空想で、森の木の下とかというときもあれば、先生が言うように机の上とか……。

池見　増井先生は、よく大学病院にあるキャビネットの中とかやっていましたね。

増井　ああ、そうそう。それは患者さんが置き場所として選んだからです。そしてそれをしたほうがいいときというのは、おそらくある一つの観念で凝り固まって動かないとき。そういうときには、やっぱり僕もそれをするかもわからない。

池見　そう思うと、「セラピストが何をするのか」と、「面接で何をするか」というのは、何かそのときそのときの、何て言うんですかね……。

増井　「患者さんの問題の感じ方を感じる」というふうに言ったほうがいいと思います。ある技法を提示するという作業は、そのときのクライエントへの共感というか、感じたいことを感じやすくする方法として提示すること、すなわち患者さんへの理解のメッセージと

*文献㉒および文献㉞の二八五～三〇五頁を参照。

して実践してみたらいいと思います。

池見　そうですね。次の面接は何をするかわからないですものね。

増井　そうそう。

池見　さっきのクライエントさんは、次の回はクリアリング・ア・スペースはしなかったです。次は、話でした。何をするかわからないけれども、それは、やっぱりその機が熟しているというか……。そのタイミングでこの二人だから、これができたというようなことになるのかもしれませんね。

増井　そういうところはあるね。僕は、たいていは「調子はどうですか」というところから始めて、成り行きでいろいろいなことをやることが多いけれども、先生が言った意味でのそういうクリアリング・ア・スペースは、話が一点集中して進まないときはすることが多いです。「一応、それはそれで置いておいて」という。それで、置いておく技法はいろいろあると思います。

池見　ああ、なるほどね。クライエントさんのほうも、一つのことに縛られているような窮屈な感じがしてくるから、そこで「ちょっとそれは置いておいて、ほかも見ましょう」と言うことで、クライエントさんの考え方とか生き方がちょっと広がるのかもしれませんね。

増井　それとか、視点が変わるとかね。

池見　そうですね。うんうん。

Ⅳ　診断と見立てについて

1　医学的診断と精神療法的な診断について*

増井　この次が、僕がとても言いたいことの一つで、「診断と見立て」ということです。「診断」の大まかな機能として、専門家の共通用語としての役割というのがあります。そのマックスがＤＳＭですね。記号ばっかりで、それで専門家同士は通じる。

　例えば統合失調症で言うと、典型的な統合失調症というものは実態がなく、観念上の産物です。具体的には個々のそういう傾向をもって生きている人がいるだけなんですが、一応、統合失調症の特徴をもっている人をそういうふうに言い表すというアヴェイラブル（available）な面があります。けれども、僕がものすごく怖いのは、それと精神療法的な診断とがごちゃ混ぜになっている場合です。

池見　うん、そうですね。僕は、診断というものは、やっぱり症状分類だという観点なんです。だから、それだけではクライエントを理解したことにはならない……。

増井　ならないですね。その点が大事なんです。

池見　一応、症状の分類としては重要な部分もあるでしょう。しかしセラピストとしては、

＊文献⑳と㊱を参照。

診断名という概念は治療のヒントにはあまりならないんですよね。こんな症状があるということだけはわかるんだけど。

増井　医学的診断用語は、本来は専門家同士の隠語であるべきだと思うんです。それを医者が変に告知の判断をして、患者さんが「自分は統合失調症だ」というふうに見たときに起こる弊害というものは、これはちょっと大きいものがあるように思います。

池見　そうですね。

増井　だから僕は、医学的な共通用語としての診断名よりも、「診断」という行為そのものにおいて、もっと重要な第二の機能があると思うんです。それは、患者さんの自己理解と、患者さんとご家族にとってこれからの方針となり得るような機能をもった診断名です。

例えば僕は、患者さんがほかの医者から統合失調症と言われた場合に、「統合失調症というよりも、お薬を飲んで、少し他人と離れていることができたら、少しはましになるような病気と言えば病気ですかね」とか、精神療法的診断に言い換えて患者さんにいつも伝えています。

すなわち、患者さんの中で、自分にとって非援助的な内省を促すような治療の邪魔になる医学的診断用語を捨てさせ、患者さんにとって生きやすい診断名をつけていくのです。それを「精神療法的診断」と言います。治療的面接では、患者さんと治療者を窮地に追いやる考えを極力少なくする作業は、基礎の基礎と言えるほど重要な仕事になってきます。そしてそれは、治療プロセスによってものすごく変わっていくんです。

抑うつ症の場合は、「もうちょっと楽しいことをしていければもうちょっと元気になる、そういう病気と言えば病気かな」とか、「少しやりたいことが見つかると気分が楽になる状態と言えばそうかな?」とかね。そのときどきの容態によりその治療的な診断は変わって

いきます。何度も言うけれど、これは「診断」の二つ目の機能だね。患者さんがそれを聞くことで、自分ないしご家族にとってこれからの方針になり得るような診断という。僕はそれが、精神療法的な診断だと思います。

池見　先生、それは「見立て」ですよね？

増井　いや、僕が考える「見立て」というのは、「この患者さんにこういうことが起これば、こうなるだろう」という予測を含んだ大きな見通しみたいなものです。だから、精神療法的診断は、見立てと、患者さんの自己理解と、患者さんとご家族の方針を含んだ、もっと広い意味での診断だと思います。実際、患者さんからすれば、単なる「見立て」と「診断」は感覚的に大きく違うもんね。

池見　「見立て」とは違うんですか？

増井　うん、「見立て」とは違う。それは、「見立て」を含んだ診断といえば診断です。

2　見立てについて――インテイクの功罪

増井　僕が述べた精神療法的診断とは、ある種の生活のやり方、ある種の「見立て」であると同時に、僕は、やっぱりそれは「精神療法的な診断」と言いたいのです。そしてそれとは別に、もっと簡単な「見立て」もある。

例えば、いちばん簡単な見立ては、「あなたは、目下のところはどうなりたいの？」と聞くわけです。すると「とにかくこの苦しみがちょっとでも和らいでくれたら」と返ってくる。そこで「そのためには何があったらいいか、何でも思いつくことを言ってちょうだい」と言ったら、「もっと元気があればいい」と。するとそれは、「とにかく、それならそれを当面の問題にしよう」ということになり、それがインフォームドされた小さな「見立て」なんです。治療関係と状況から生まれる「状況的見立て」です。

だから、「見立て」というのをみんな難しく考えますが、「親子関係がこうだったらこうしてサポートすればこうなる」と、そんな過程と過程を結び合わせて、いろいろな理屈を含めて治療者だけである意味ででっち上げるのは「見立て」ではないんですよ。

池見　そうなんですよね。

増井　「今はとにかくどうなりたいのか?」「それにはどうすればいいか?」というのが短期的な「見立て」で、「長い目で見たら、どういう人間になりたいか?」というのは、長期的な「見立て」なんです。患者の目から見た「見立て」が大切です。こちら側からあのこうのと言う見立ては私はあまりしません。とにかく私の方法は患者さんの思いに基づく実践本意です。

池見　うんうん。

増井　それで、「そのために何があればいいか?」というのは、患者さんに聞くんです。珍奇な答えでもいいんです。「宝くじが当たる」とか、「誰々が死ねばいい」とか、「お金を儲ける」とかね。それなら、「それはちょっと長い間の見立てにしよう」というふうに患者さんの意見を取り入れる。僕の「見立て」はものすごく簡単なんです。

池見　僕は、大学院で心理臨床カンファレンスの授業をもっていて、学生たちはみんな見立てを書いてくるんだけれども、僕はそれを見てがっかりするものが多くて。「親がもっとどうであれば」とか、「思春期にもっとこうしていればよかった」とか、そんなことが書いてあって、「いや、こんなものは見立てじゃないでしょう」とブスブス言っているんですよ。

増井　いや、聞けばいいんだ。患者さんに聞けばいいんだ。

池見　それで、「じゃ、先生、見立てって何ですか」と言われたら、逆に困ったりするんだけど。一般の理解としては、「診断」というのはあくまでも医学、医療の範囲内の話なので、「見立て」はそれに代わるもので、どう見立てるのかは治療者側の理解なんだけれども……。

増井　なるほど。だけど患者さんと二人で考える見立てというのが大切ではないかな。

池見　まあ、代わるものというよりも、僕たちの治療に役に立つものでないといかんだろうとは思うんだけれど。

増井　僕なりの考え方としては、「診断」は「医学的な診断」と、「その伸びしろを考えた精神療法的な診断」の二つに分けて、「見立て」は、「患者と治療者とで共有してもつ一つの治療目標」みたいなものかな。だから、ものすごく「見立て」は簡単です。ただ患者さんに聞けばいいのよ。

池見　先生、どんなふうに聞きますか？　どうしたら良くなると思いますか？

増井　「目下のところ、あなたはどうなりたいの？」と聞く。

池見　ああ、「どうなりたいの？」と。

増井　そこで例えば、「この不安がちょっとでも小さくなればいい」と返ってきたら、「そのために何があったらいいと思う？　何でもいいから思いつくことを言って」と言って、患者さんに空想を促す。それで、「勇気があればいい」とか、そんなささやかな答えが返ってくるとします。しかしそれは、何でもいいんです。

池見　なるほど。

増井　患者さんが思い感じることに意味がある。それで、「見立て」という言葉は使わないけれども、「それを当分の間、僕たちの共通の目標にしよう」と。それは、僕にとっては、もう患者さんの見立て論を込みにした「見立て」です。見立て論的に言うなら、見立てとは患者は「勇気をもてばよい」と述べているので、いろんな方針でそれに協力する、とでもなると思いますが……。

池見　うんうん。

増井　それと、「精神療法的な診断」というのとやっぱりオーバーラップするので、やっぱりちょっとは分けたほうがいいと思います。なぜ分けたほうがいいかと言うと、治療者が、見立てというものを患者さんの合意なく、勝手に考えることへのアンチテーゼのためなんです。そのときに、「昔こうだったから、こういうふうになって、こうだったらいいね」ということを患者さんと話し合って、合意して、それを書くならいいんです。

でも実際はそうではない。自分の勝手な考えで考えた見立てにこだわって、患者さんと共有している根拠が何もないのに、自分の推理に合わないものはオミットしてしまったりする傾向があります。これがいちばん怖いと、僕は思うんです。

池見　そうですね。

増井　仮に治療者がつくった見立て論を患者さんに読んでもらって、こちらがいろいろ説明して、修正するところは修正して、そんなふうにしてできた、患者さんが同意する見立てなら、僕は大賛成です。その見立ては共感にも理解にもなりうるし、クライエントと共有できるものになりますね。

僕は、カンファレンスで考えた見立てを患者さんに説明して、患者さんの希望を聞く時間をもったほうが、よほど治療的だと思います。僕はそれに近いことを臨床でやっています。例えば「神経症の家族はわりあいこういうふうですが、あなたのご家族はどうですか?」とか、見立てを分散してやっていますよ。

池見　うんうん。

増井　それからもう一つ怖いのは、見立てどおりだったとしても怖い。とくに分析的見立てなどの場合、理解力がある患者さんや、セラピストの意見をとり入れることで不安を少なくしようとする傾向のある患者さんなどは、見立てどおりになったときに患者さんの連想がもっと豊かになる場合もあれば、「ああ、やっぱりこうか」という絶望につながる場合もあるわけです。だから、どっちにしても勝手な見立ては僕にとってはリスキーなんです。*

池見　そうですね。先生も僕も、企業の中の臨床ってやっていたじゃないですか。あるところで僕のもとに来た人が、上司とうまくいかなくて会社を辞めたいとか、そういうことがあって大学の心理相談センターに行ったと。そうしたら、そういう主訴なのに「小学校の頃はどうだったか」とか生育歴を聞かれて、「これは違う」と思って一回で行くのをやめた人たちがいます。そして、「大学の相談室には行かずに、企業の中の相談室に来た」と言うんですよね。その生育歴の話って、聞かなくてもいいのに「初回だから聞かないといかん」と思って、とりあえず聞くという……。

増井　それも怖いね。

池見　それで、勝手な見立てをつけられたんだと思うんです。クライエントは「もうたまらない」と思ったでしょうね。でも、そういうセラピストは世の中にたくさんいるんですよ。

増井　それは、一つは大学教育がそうなっているのが悪いと思う。いろいろな大学で、形だけ整えるためにいろいろなインテイク・シートを作っていますよね。あんなインテイク・シートを作ると、面接を形骸化させるだけです。最後には、インテイカーの疑問や質問などで相手の苦しみがまったく見えなくなるという弊害があります。

　そういうインテイクなら、まだしないほうがいいと思います。「基本的に自分がわかればそれでいい」「患者がわかることは二の次だ」と、治療の目的がまったく逆転しているとき

＊このあたりについては、文献⑬および文献㉞の二一七〜二二三頁に詳しく示している。

などがひどく多いようです。形だけでもインテイク・シートを作らないと組織として成立しないというふうな発想がありますから。いったい何のために仕事をしているのかね。

池見　そうですね。

増井　だから、あんなインテイク・シートがなかったら、見立てとか生育歴というのは、治療過程において自然に埋まっていくものです。それを最初から埋めようとするから、もう面接が形式化されて「今、ここ」のトレーニングの邪魔をしているんです。

池見　そうですね。生育歴も一回目に聞かなくてもいいのに。面接の流れというものがあるから。

増井　あるある。本当にあると思う。

池見　これも増井先生が前に言われていたような気がするんですけれども、見立てってある意味、「もっと勇気がもてたら治る状態」とか、「もっと自由に自分の気持ちが話せたら治る病気」とかね。そんなふうにある意味、現象学的に、その人がなりたいあり方を理解して、その人の言葉を使って表現したほうがいいんじゃないかなと思ったりするんです。

増井　僕は、まさにそれを見立てにしているね。だから、僕がなぜこういうことをわざわざ言いたいかというと、こちらから勝手に立てた見立てが患者さんにとって不要なものとか、縁がある患者さんを縁なきものにしてしまうものになりかねないからです。すごくそういう恐れがあるからなんです。

　生育歴とか、見立てとかいうのは、できるだけ患者さんに寄り添ったやり方でやったら、そんなに難しいことはないですよ、ということを言いたいわけです。

池見　そうなんですよね。

増井　そうそう。だから、今の見立て論に対する弊害を、何とかしたいんですよね。あるいは、相手が求めてないのにいろいろ策を考えていても、臨床の現場というのは、そんな理屈をとうに超えてずっと先をいっている。だからそんなもの、役に立ったことがないではないか、と。わざわざ役に立てようとしたら、僕は患者さんが迷惑すると思います。

池見　うん、そうですね。僕は一度、授業でも「そういう生い立ちのことを聞いてどうするんですか?」とか、「そんなことを見立てに入れてどうするんだ」と言ったら、誰かが「いや、先生はアンチ精神分析だから」みたいなことを言うんだけれども、そうではないと思うんですよ。

増井　アンチ分析ではなく、本当に一人の人間として、普通に患者さんの立場に立ったらわかると思います。××派とか□□派とかは色眼鏡ですよ。

池見　精神分析であっても何であっても、そういう色眼鏡を最初から使うということがむしろ弊害で、「クライエント自身はどうなりたいか」みたいなことを大事にしなきゃならないですよね。

増井　本当にそうです。立場や理論を超えて、「クライエントのための面接」をもう一度ゆっくり考え直さないとね。

池見　ある意味、そこに学ばなければいけないと思うんですよね。

増井　そう。だから、理論や型の勉強をものすごくするよりも、患者さんの身になる練習をしたほうが、よっぽど臨床的には力がつくと僕は思います。いくら本を読んでも、それはもう相手がいないときの世界であって、相手がいるときに一生懸命向き合って稽古するほうが、自分が相手と対峙するときに役に立つでしょう。

　神田橋先生の言う「本を読む弊害」というのは、それもあると思います。いくら本を読んだところで、相手によっては完全に無意味というどころか、マイナスの理解をしてしまう場合もあるでしょう。だから要は、「相手の身になる」ということの大事さをよく知るということですよね。

池見　そうなんですよね。

増井　それで、相手の身になって話を聞いたら、そんなに難しいことはないんですよ。わからないことは聞けばいいし、見立ても患者さんの希望を聞けばいいしね。

池見　例えばスポーツだって、「本人はどんな種目をやりたいのか」ということをまず聞かないと、始まらないでしょう。

増井　それはそうだ（笑）。

池見　水泳をやりたいのか、陸上なのかで全然違うし、それがわからないとコーチのしようがなくて。そこで「おまえは背が高いからバスケだ」とかいうことを勝手に決めてしまって、「それに育て上げよう」みたいな形になってしまうと、やっぱり何かおかしなことになるのかなと思います。本人が何をしたいのか、どうなりたいのかをまずは確認しないと。それを無視して色眼鏡で見てもしょうがないと思いますよね。

増井　だから、その基本と原点が、それだけのせいにするわけではないけれども、大学教育では非常に定まっていないよね。何か習慣的に、「昔からみんながやっているから自分もやる」とかね。

　ちなみに僕は、大学院のケースカンファレンスのとき、ふと思いついて患者さんの名前と診断名だけ書いて、生育歴、現病歴、治療過程の項目を挙げ、あとはメモスペースにして、そのケースを聞いた人が自分の連想を書き入れられるようにした白紙に近い状態のレジュメを配ったんです。そうしたら前田重治先生*が、「これはとても良い」と。自分が言っていることと、人の言っている連想とが、この紙に書けるからね。だから、これを一つの

*精神分析家として著名な精神科医。九州大学教育学部教授を経て九州大学名誉教授。

フォーマットとして取り入れて、今までどおりのレジュメを作る人、僕の方法でやる人、各自で自由にやろうというふうになってですね。その後、僕の方法でやった人は誰もいない。みんな今までどおりのレジュメを作る。

　レジュメというのは、先生、カスみたいなものですよ。僕は神田橋先生に、それはもう痛いほどそう言われた経験があります。一生懸命書いたレジュメを持っていったら、そのときに先生はよほど無駄と思われたのか、もうゴミ箱の中に。

池見　（笑）。

増井　「あんた、こんなカスみたいなことを一生懸命書いて考えてどうするのか」と。「本当のケース自体には近づけないけれども、こんなものを書くよりも、あんたの心の中に残っている患者のイメージとか、思いつくエピソードとか、そういうあんたの中に生きているケースの断片を聞いたほうが、よっぽどスーパーバイズもできる」と。**

　それからずーっと、僕はレジュメなしでスーパーバイズしてきたし、学会の報告以外の講演、講義、そのほかあらゆる場所でもレジュメなしでやってきたんです。その理由も説明してね。それは、やっぱりある種の、僕の「今、ここ」を素直に生きる力の育成という意味では、ものすごくプラスだったと思います。

池見　そうですね。今思い出したことが二つあって、一つめは、「見立て」というところに戻ると、やっぱり「本人がどうなりたいか」ということを端的に表現できるようなものがいいなと思うんですよ。

増井　うん、そのとおり。

池見　それで、多くのクライエントさんは「どうなりたいか」と聞かれると、かなり戸惑うんですね。「良くなったらいいです」みたいなことを言う。だから、「あなたにとって良く

**このあたりの記述は文献㉓および文献㉟に詳しい。

なるとはどういうことなの？」というのを考えること自体が、すごく治療的なセッションになるように思うんですよ。

増井　それは、次のテーマに出てきますけどね。

池見　ああ、じゃ、次でまた話しましょう（笑）。それで二つめはレジュメの問題なんですが、僕はずっと日本の心理臨床の事例研究の書き方って、「これでいいのかな？」と疑問に思うんですよ。

増井　ケースの自然の流れを上手に、自由に記述していればいいのですが。再構成がすぎてそこに描かれている患者や治療者は理屈の鎧を着て、生身の姿が仮死状態の姿になっているようなケース報告が大半です。それを読んで患者と治療者のありようが目に浮かぶようなケース報告が欲しいですね。

池見　何か「第一回から第五回、導入期」とか書いてあって。

増井　不自然ですね。心理臨床というのは「関係の科学」であるにもかかわらず、「患者さんの言っていることを客観的に書くことが、客観性があるということ」というような、大いなる錯覚があるみたいです。科学のパラダイムが異なることがまだ充分理解されていないようです。「関係の科学」というのは、事実に基づく相互作用のことです。だから「患者さんがこう言ったから私はこう思って、こうしたらこうなった」というのが正当な書き方で、それを記述すれば治療関係がよくわかるんですけどね。

池見　そうですね。それを何か、「患者さんがこう言った」みたいなことばかりがずっと書いてあって。

増井　あれほどつまらないものはないよね。患者さんの言ったことばかり書いて。

池見　そう、それで「つまらん」と言ったら、「それは、ケースが読めていないんだ」という言い方をされたりもするんだけど。

増井　それは違うね。ケースは読むものではなく、深く感じるものです。だから「そのケースを読む者に感じやすいように、具体的にケースを描く」という作業は、臨床論文としては不可欠で重要な仕事です。少なくとも私はそのように努力しています。

池見　それに、面接の一時間で話したことがこれだけの短い行数になっているということは、実はかなり編集が入っているわけです。

増井　患者さんの言ったことに編集が入っていたら、それと同じだけ自分が思ったことにも編集が入っていて、やっとケースになるんですよね。だから、それを込みにして書けばいいのに。患者さんの言ったことばかり書かれたら、たまらない。

池見　そうですね。だから、あえて時系列に第一回はこれで、第二回はこれでと並べるんじゃなくて、「こんなことが良くなったと私は思う」みたいな結果を、最初にぽんとテーゼとして出す。そして、「それを自分なりに遡ってみたら、こんなふうにたどっていける」みたいな書き方のほうが面白いなと思うんですよ。

増井　それは、ケース・レポートの一つの新案だね。それが関係のパラダイムという観点から行き届いてくると、近い将来、連歌とか詩とか、短編小説のような形のケースがあってもよいと思います。

池見　何が最もいいのか僕にはわからないけれども、少なくとも今の事例研究の書き方というのは、どうもね……。

増井　おかしい。僕は一時期、学会の論文審査をしていて、先生もたくさん論文を読むと思うけれども、もうつまらない。あやつり人形のように人間的ではないケースがとても多いです。

池見　退屈だもんね。

増井　ね。何が退屈だと思ったら、書いている本人の肝心の「私《わたくし》」というものが書かれていない。あれほど臨床において非科学的な論文はないと思う。

池見　うんうん。でも、大学院で教えている若い人たちを見ていると、やっぱり型にはまったものを書かないと不安みたいで、僕は「いや、そんな事例研究の書き方は退屈だ」とか言うけれども、結局は、彼らはあのスタイルで書いちゃうんです。

増井　そうそう。

池見　これは、どこかで変えないといけないなと思っているんですけどね。

増井　僕は、それがものすごく強いんです。「私」が入ったケースを書くというのは論文だけの問題ではなく、それに関係する患者さんが迷惑をするじゃないですか。「私」を書くのは主観的というわけではなくて、「私がそう考えていた」というのは事実だから、それを記述したものこそ客観性がある論文としか思えないけどね。この件は学会などでもっと検討すべき課題だと思いますし、僕は個人的に何度も言っていますが、保守文化というものはやはり安定しているぶんだけ強いですね。それがあるから、なかなか変わらないね。

　のびのびとした治療者と患者の関係をきちんと書くことができないでしょうかね。文化というものは、人間が住みやすい、わかりやすい方向に向かうとすれば、将来的にはそのようになると歴史的に考えるんですがね。人のありやすいほうに文化的価値観は自然に変わっていくと思うのですが。

池見　うーん、そうですね。モデルがいるのかな。

増井　モデルもいるし、*一つは、教える側の先生の切迫感が、僕は足りないと思う。もう身が締まるほどの切迫したケースを先生がもたないから、従来どおりのことでやっていられ

*このあたりについては、文献㉕および文献㉟の一〇八〜一二九頁に詳しく述べている。

ると思うんだけれど。例えば、先生も知っているように、M社（のメンタルヘルス外来）は半日に六〜七人も来るんですよね。そのときに、トロトロしていたら大変です。

池見　大変ですね。

増井　僕は長い間、「多くの患者さんを安全で、より効果的に良くする方法とはどういうものか」ということを考えさせられる臨床的状況に置かれていたから、その課題をずうっと文化的に背負ってきている気がするんです。だから余計に、無駄なことに時間を費やすことに対しての居たたまれなさというか、「そんなトロトロしていてどうするのか」という気持ちがあるね。本当に。

池見　やっぱり、事例研究を書くときに、「私はこう見ている」という、「私の見方はこうなんだ」というのがはっきりわかるように書いてと言いたいんですね。

増井　言いたいね。それでまた、その書き方の内容の質に応じて、論文の審査がされていってほしいんです。

池見　そうですね。型にはまっているからいいというものではないからね。

増井　そう。やっぱりそれは、それなりの正当性と合理性があってのことだと思うから、そういう評価をぜひともね。まあ池見先生に言うというよりも、もうみんなの大学の先生に言いたいね。

池見　そうそう、この本を読んでくれる人、みんなにお願いします！

増井　本当、本当。やっぱり僕たち臨床家は、安全に治療的に数をこなすということが大事だと思う。医者がなぜあんなふうに合理的にやれるかというと、数と結果があるからです。だから評価しにくいとは言っても、大学教官の採用にあたっては、論文作成数と同じかそれ以上に、臨床能力を評価するシステムをもってほしいですね。とくにこれからの臨床教育を考えると、今までどおりでは必ず、もっと行き詰まってくると思います。今でも臨床教育が充分なされているか疑問ですものね。

池見　でも、医学のほうと同じモデルには、やっぱりできないなと思うね。

増井　医学モデルと同じようにはいかないというのはもちろんわかるんです。ただ、趣味として一か月に何回か患者さんに会うような人は、精神分析みたいなことでチンタラしていてもいいんだけれども、多くの患者さんに会わなければいけない場合、そんなチンタラしたことはできないんですね。また、教官に臨床感覚というものが育たない点が臨床教育には致命的だと、私は強い危機感をもっています。

それは、何が問題なのかわからないけれども、大学の教室はもう患者さんがいっぱいで、そこで学んだことを教えるというのが基本的なスタンスだと思うのですが、あんまり好ましくない伝統みたいなものだね。それを破りたくて、いろんなケースを論文にして出したのですが……。*

3　伸びしろを広げるのが私たちの仕事です

増井　間違いだらけの常識みたいなものが、もう怖いほどたくさんあるね。まず、「自分のことは話すな」ということを教える大学があるようですが、サリヴァン**が「自分のことを語らない医者に誰が自分の心を預けるか」ということを言っているね。

池見　そうですね。

増井　そういうこともあるから、とくにこの「見立て」とか「診断」とかに関しては、治療者と患者と二人の頭で考えるというふうな形式も一つ、立ててほしいと思います。

*このあたりについては、文献㉕および文献㉟の一〇八～一二九頁に詳しく述べている。

** Harry Stack Sullivan（一八九二～一九四九）はアメリカ合衆国の著名な精神分析家、精神科医。Interpersonal Psychoanalysisという独自の精神分析を築き上げた。

池見　今までの話の中で、「医学的診断」というものがあり、「伸びしろを広げる精神療法的診断」があり、「見立て」というのもあり、三つぐらいのタームが出てきていますよね。

まず「医学的診断」は、それはそれとして理解しています。それから「見立て」は、僕は現象学的に、「クライエントがどうなりたいか」みたいなことを見立てとしてほしいなと思います。そして、「精神療法的診断」というところが、今一つ何かまだピタッとわかっていない感じがしています。

増井　「精神療法的診断」というふうな名前をつけたのは、「医学的診断」というものと同じく、大切であるという意味でパラレル***に考えてもらいたいからなんです。それは「伸びしろを考えた見立て」などでもいいけれども、やっぱり「伸びしろを考えた診断」というふうにすると、少し区別がついて考えやすいと思うんです。例えば、昔の言葉で「労咳」（ろうがい）とかいう言葉があります。

池見　労咳！　昔、先生にそれを聞いて、僕は今でもその表現が大好きなんです。「労咳」ね。うん。

増井　この言葉は、これからやることと、医学的診断がセットになっているんです。労咳というのはつまり、結核のことです。しかし、労咳と言うほうが、「ゆっくりして養生する」という方針と診断がセットになって聞こえるでしょう。

それと、「ヒステリー」という言葉がありますね。これは今では解離性障害というふうに言われていますが、「ヒステリー」と言うほうが、「どうしようもないから、放っておかないといけない」という方針がよくわかるような気がします。何となくね（笑）。「疲労性難聴」とか、正確に教科書にはのっていないような診断名も、「ゆっくり休みなさい」という方針がよくわかりますよね。また昔は、「敏感性被害妄想」とかって聞くだけで、クライエ

***パラレル：平行して。ここでは、「医学的診断と精神療法的診断は平行して考えるもの」という意図で使われている。

ントの苦しみがわかるような診断名がありましたよね。
まあちょっと言いすぎかもわからないけれども、ある程度「見立て」というか、どう扱っていいかということが診断名に含まれていますよね。それを精神療法学的診断名にしたら、「二〜三か月ちょっと対人接触を避けて、静かにしてお薬を飲んでたら、少し気持ちが休まってくる病気と言えば病気」というか。

池見　そうすると、医学の中にダイアグノーシスとプログノーシス（diagnosis & prognosis: 診断と予後）ってあるじゃないですか。そういう意味では、先生がおっしゃっている「静かにして、薬を飲んで、人とあまり接触しなければ、ちょっとは収まるでしょう」みたいなのは、予後に近いような気がして。そういう予後が含まれる見立てみたいな感じが……。

増井　そうだね。私の言っている診断とは予後と必ずセットになっています。どんな診断でも、このまま放置してると予後は悪しというものはあるわけです。例えば癲癇発作でも何でも、基本的には治らない病気みたいにして思われている病気でも、精神的にちゃんとケアしたら、痙攣発作のスパンと、発作の大きさとが薄れていくんだよね。
僕も、何回もそういうケースをもったことがあります。そこでとても大事なことは、例えば発達障害にしろ何にしろ、「伸びしろを考えてくれ」ということで僕たちに回ってきているということだと思います。こっちにしたら医学的診断はどうでもいいわけで、その人のもっている能力とかを総動員して、その人の伸びしろをできるだけつくって少しましにするというのが、僕に言わせたら、これはもう僕たちの決定的な仕事なんです。それは「医学的診断」とはまったく関係のない仕事です。絶対に変わらない病気って、ないんです。ここがとっても大事なところなんです。

池見　そうすると、今、面白いことを思ったんですが、この「見立て」の部分と、その「精神療法的診断」というのとが、僕の中ではセットになってきて。

増井　そうそう。

池見　患者さんが「自分はこうなりたい」と言っている部分が「見立て」で、治療者側が「こうなるだろうな」と思っている部分が「精神療法的診断」、みたいな。患者さんの側の見方と、治療者側の見方みたいに見えてきたんですが、どうなんでしょうか？

増井　というより、そのいずれも患者さんとの合意のうえで成立しています。それで、その「精神療法的診断」の中で、「予後は悪し」という言葉は絶対にないんです。「予後はまし」になるための面接なんです。

池見　うん、そうですね。

増井　これは、その人の潜在能力を引き出すとか、周りができるだけのことをするとか、そんなふうにあらゆるものを活用したら、やっぱり少しずつでも良くなってくる。僕たちがすること、依頼されていることというのは、心に関わるあらゆる病気に対して「伸びしろの部分をめいっぱい伸ばす」ということ以外に何もないのだと言いたいんです。

池見　うーん、伸びしろねえ……。

増井　それは、おそらく「医学的診断」では考えられない部分で、人が病気と言うものに対して、私は「病気になる能力」まで考えるね。例えば、不登校という現象を「不登校能力」と考えれば*、患者さんの内面がそれ以上悪くならないような防衛能力とも考えられます。だから、病気になる能力まで含んで患者さんを見ていると、それなりにましになっていくんです。それが、僕たちの宿命的な仕事のように思うんです。伸びしろを極力伸ばしていくというのが仕事ではないかなと、僕は思うんだけど。

池見　最近、昔に比べてものすごく発達障害が多くなっているじゃないですか。発達障害の

＊この点については、文献㊲の八四〜九八頁、および文献㉜を参照。

臨床というのは、まさにその伸びしろのところだなと、今、思っていたんですよね。「どこまで伸びしろを伸ばせるのか」というのが、ある種の支援になっていくわけですけれども、そこがとっても大事だなと思うんです。治療というよりも、その人の良くなる可能性をどんどん引き出していくというようにね。「治療」と言わないで、「伸びしろ」と言ってもいいと思う。

増井　だいたい世の中の傾向としては、わからないものは一概に引っくるめて整理したいんです。だから、人格障害というのが一時はやって、わけのわからないものはすべて人格障害というカテゴリーに入っていたときもありました。そうやってわかりにくいものをとりあえず人格障害の中へ入れて、「人格障害はどうにもならない」という意見やムードがあるけれども、当事者一人一人に会ってみたら、どうにもならないどころかどうにでもなる部分がいっぱいあるんですよね。

　そういう意味で発達障害というのも、良いのも悪いのも込みにして言っている。世の中というのは、そういうカテゴリーで分けることで安心するところがあるんですよね。自分たちがわかりにくいものは不快なものとして、ラベルを貼ってカテゴリーに分けて、それでお終いとする社会的傾向です。

池見　うん、そうそう。

増井　けれどもそのカテゴリーの中に入れられた人は、たまったものではない。

池見　本来はカテゴリーに入れるためのコンセプトではなくて、変化を前提にしたコンセプトですよね。

増井　そのとおりなんです。だから、変わらないものは何もないわけです。世の中すべては変わるから、そういう意味でも、良くなりもすれば悪くなりもすると僕は思うんです。介在の質によってはね。

池見　うんうん。

増井　まあ、「伸びしろ」という表現は僕の中では、自分の仕事の決定的な規定だと思う。決定的というのは、要は、「それしかない」ということです。変なところにごちゃごちゃと目を向けるよりも、そこの一点にずっと集中していたほうが、やっぱり自分にとって仕事はうまくいくのではないかなとつくづく思うんです。

池見　その一点というのは、伸びしろですね。

増井　そのとおりです。

V　「良くなる」ということ*

1　「良くなる」ことのイメージ修正だけで良くなることもある

増井　患者さんの中の「良くなる」ということのイメージを修正するだけで、実際に良くなることは多いね。

　具体例を言うと、ものすごく能力がある人なんだけれども、極度の対人恐怖症を長期間患っていて、その能力を活かせない人がいてね。彼の稼ぎ口というのは写真で、レストランのメニューにあるような写真で生計を立てていました。

　僕は、「良くなるということに、どういうイメージをもっている？」ということを必ず治療の最初あたりに聞くんですが、その人は「タモリみたいになること」と言ったんです。** そのときに僕は、「あなた、そんなことはできん」と言った。「タモリは芸人で、特別な人です。彼のようになりたかったら、芸能プロダクションか何かのところに行ったほうがいいから、僕はあなたがタモリのようになるのは不可能だと思う」と。「ただ、ちょっと今の悩みがましになることぐらいなら、八割か七割方は請け負える」と。

　そうしたらその人は、六か月ぐらいの間で、タモリを捨ててからだいぶん良くなったね。

*このあたりについて細かくは、文献㉗および文献㉞の一〇〇～一一一頁を参照。

**このテーマについては、文献⑳を参照。

気が楽になったのだろうと思います。それで、海水浴場で「写真を一枚どうですか」というふうに、人に声をかけられる程度にまで元気になりました。

そんなケースもあるし、だいたい概論的に言うと、病気が重い人ほどとんでもないイメージをもっています。妄想で苦しんでいる人に、「あなたはどう良くなりたいのか?」と聞くと、「まったく悩みのない晴天のような日々がずーっと続く状態になりたい」と答えました。そのイメージはもう、良くなることを妨害している。そういうふうなイメージは、極力受け入れないようにしています。まずは実現可能な「良くなる」ということの共有を、僕は毎度毎度しています。

池見　わりと多くの場合、良くなるということが幻想的なんですね。でも、人生はそんなに良いものではないじゃないですか(笑)。

増井　そうですよ。「曇りときどき晴れ。場合によっては雨」、それが自然なんです。

池見　そう、それが人生ですよね。雨もあり、台風もくる。だから、「晴天ばかりになる」というのが「良くなる」というイメージだったら、それはちょっと幻想的ですよね。

増井　そうですよね。もう一つ特徴的なのは、長期間病気で悩んでいる人が、この「良くなる」ことのイメージをちょっと矯正するだけで、驚くほど変わるということです。

僕がびっくりしたのは、三〇年以上抑うつ症状で悩んでいる人がいて。いくら何でも、カウンセリングなんかを受けていなくても、薬を飲むだけでも、三〇年は続かないよねと思ってね。「僕は今まで長年この仕事をしてきたけれども、一〇年ぐらいの抑うつ症は診てきましたが、三〇年も続くって、おかしいんじゃないかね」と言ってよく聞いてみたら、その人は「良くなろうと頑張ることが良くなることだと思うんです」と。

池見　良くなるために頑張ることが、良くなる方法?

増井　うん。それが原因の一つかもしれないから、「それは、やめておけ」と捨てさせたんです。「あんた、その執念は捨てたほうがいいよ」と。執念か何か知らないけれども、それを捨てて、「普通は良いときもあれば悪いときもある、それが自然よね」と。それから「最終的には、いちばん悪いときよりもまだましだろう？」と聞いたら、「はい、そうです」と答えるので、「なら、それでいいんじゃないかね」と言ったんですよ。

そういう感じで三、四回ぐらい会ったら、見事なほど元気になっているんです。「自分の間違った目的で苦しんでいたのがよくわかりました」とね。だから長く苦しんでいる人ほど、良くなることについての態度を変えるだけで、あっさり解決することはあるみたいです。

池見　やっぱりなんの病気もない健康というイメージが、ちょっとファンタジー混じりなんでしょうね。

増井　そうじゃないかなあ。完全に健康ってないと思うんだよね。命の系列というのは、毎日快調ということはないよね。だからいつも困るのは家族からの、「この子の病気はどれくらいしたら治るんですか？」という質問です。僕はそのつど、治るということはどういう状態を示しているのか、どんなイメージなのかを明確にしなければいけないし、それが不可能なら、そのイメージの訂正を詳しくしなければいけません。

家族の言う「治る」というのは登校することで、僕の言う「治る」とは自分を取り戻し、自己決定して生きられることです。その点から「治る」というイメージのすり合わせが必要です。そしてその結果としての「治る」というイメージの変化は、子どもの見方の変化にもろにつながりますので、面倒でも一つ一つしています。

池見　毎日快調ということは、絶対にないですよね。それはアタマがつくっているという

か、「我」がつくり上げている……。

増井 そう、それぞれ。

池見 ある種の普遍性みたいなね。でも、絶対にそれは普遍的ではないし、良い日も悪い日もあって、なんで悪くなったかと言ったら、それは絶対にアタマで考えてもわからないですよ。

　僕はいつも学生に言うんですが、朝、トイレに行くでしょう。「今日はきれいな便が出たから、明日もこれで」というわけには絶対にいかないって。それは、いくらアタマでそう思いたくて昨日とまったく同じものを食べても、明日の朝、トイレに行ったら形が違うものが出るからって。「なんで?」と、いくらアタマで考えても絶対にわからないから。毎日、身体は違うんだからって。だから、毎日同じであろうとするのは不可能で、気持ちも同じなんですよ。

増井 それは、治療者のほうにも言えます。「常に患者さんが良くならないといけない」という考え方をもっている人はおかしいんです。とくに、患者さんの外的／内的環境が劣悪だった場合は、現状維持か、現状よりちょっとドロップをしているところで止まり、「良くならない」と嘆き悲しむ治療者もいますが、僕から見れば、それでもう充分な治療的達成なんです。

　だからそのときに、「常に良くならないといけない」というふうな、強迫的で人工的で理論的な、直線的な治り方は考えないほうがいいよね。やっぱり自然は曲がりくねって、良くもあったり、悪くもあったりね。

池見 ねえ、それは人間だから、絶対にいつも調子良いというわけではないし。良い日も悪い日もあって。

増井　「いつも向上しないといけない」という法律もないしね。僕が嫌いな言葉やコマーシャルは、「昨日より今日、今日より明日がもっと成長するように」という類のものです。昨日より今日のほうが調子が悪いときなんか、ひんぱんにあるよね。

池見　うん、そうですね。だから、どこからかやってきた健康なり元気なりというイメージに囚われて執着している人が、その執着によって苦しみがつくられていることがあるんですよ。

増井　実に多いよ。治療者のほうにも多いけれども、それは、スーパーバイズしていたら、初期の間は、「この人の状態が悪いのは私のせい」とか考えてしまう。だけどそれはただの万能感で、そんな考え方をしていたら、自分の気持ちが落ち着かないのは当たり前。良いときもあれば悪いときもあるし、冷静に見られたらいいわけです。それは自然なことで、とくに治療者のためだけでは決してないしね。

2　「広い空間づくり」のさまざまな効用

増井　次は「聞くための広い心理的空間づくりとその特徴」についてなんですけれども、僕が思う「空間づくり」をちょっと先生とお話したいんです。

いろんな考えとか持論とか、そういうのをとにかく全部わきに置いたときに、僕の場合は体がスポンと一本の大きな水道の管みたいになるようです。どうやら僕の実感では、その管は延々と地下まで伸びていっているようです。管の上のほうにはいろいろな水道栓があって、それをひねると自然の知恵みたいなものがそこで湧いているような感じがするんですよ。

その知恵の水道栓の存在を教えてくれるのは患者さんで、その自然の知恵というのは何かと言ったら、臨機応変な知恵であったり、感じる知恵であったり。そしてその知恵は、自ずと湧いてくるというだけではなくて、患者さんから引き出されるということでもあるように思います。そこらへんの感覚は、先生はどんなふうに感じていますかね？

池見　ちょっと待ってくださいね。いっぱいあって。まず治癒力というのが、「生命のレベル」で起こっていることだと思うんですね。**図1**の非言語のレベルで、その「知恵がある」というのは、結果として見たら、つまり「振り返ってみたら、あった」ということですよね。

僕が今すごく大事にしている概念の一つに、〝Carried forward *was*〟＊というのがあります。「気がついてみたら、そう**だった**」という、「気づく」ということの時間性を表す概念です。「気づいてみたら、ずっと僕には気楽さが足りなかった」みたいに、さっきまでわからなかったけど、「気がついてみたら」こうだった、というように過去が新しく意味づけられるのです。

だからやっぱり、この**図1**の上のほうの「思考」とか「言語」のところではなくて、ほかのところで何かが起こっていて、そしてあるとき、振り返ってみたら折り合うように**なっていた**、ということがわかるんじゃないかなと思うんです。だから、面接の最中に考えてもっていけることではないと思うんですよね。

増井　そうかもしれないですね。患者さんの話を聞いていると言葉で聞いている内容と聞こえてくる内容が異なったりするんです。言葉は結構まともなのだけど、聞こえてくる心の声や言葉の声がまったく別々な世界です。例えば、言葉では「それで良いよ」と言っているのだけど、心の声は「何を言うか！」と言っているように聞こえるときなどです。これでは周りの家族の方はダブルバインドに常にかかっていますよね。

＊文献⑥を参照。

3 「尽くす」ことの功罪

増井　「自分に慈悲を向ける」ということで、いっぱい思い起こすケースがあります。その最たるものと言えば、「わがまま」ということを広辞苑で引いたら、「我のままにあること」と。「自分勝手に振る舞う」という普通の意味以外に、仏教的な美徳の一つとしてあるんですよ。そして「我慢」と引いてみたら、「自分ができないことをできるというふうに自惚《うぬぼ》れている驕慢の一つ」とある。「仏教的には悪徳の一つ」だと。

池見　そうなんですね。

増井　家でお母さんができすぎて、子どもに尽くせば尽くすほど子どもが成長しないのかできないのか、そうなっていくという、そういうケースはいっぱいあるではないですか。そういうお母さんには、「一回、尽くすことをやめて一時間でも二時間でもいいから、自分の好きな時間をとりなさい」と言う。そのときにあるお母さんは、「海辺に行ってぼうっとしていたら涙が湧いてきた」と。

　ほかにもいろいろケースがあるんですが、* 僕はそれを「尽くすことの功罪」というふうに考えて、ちょっと一本論文を書いた記憶が甦ってきているんです。「自分のために、自分を大事にすることが周りを大事にすること」というふうな発想というのは、意外とないようです。けれども、「足元を照らす。これすなわちあまねく照らす」というふうな道元の言葉があります。その言葉が僕は好きなんですが、「自分の足元をちゃんと見て、やれることをやっていなさい」「それだけしていたら、あまねく照らすように光り輝きますよ」という意味のように思われるんです。

＊詳しくは、文献㉖および文献㊲の四六〜六三頁を参照。

池見　うん、そうですよね。「青空フォーカシング」[**]は今、有効なワークになってきていて、例えば不妊治療とかで、不妊治療を何年もしたけれども、やっと授かったお子さんが流産したとか。そのお母さんとしては、「私の体はどこかおかしいんじゃないか」とか、「あんなことをしたから、こうなったんじゃないか」とか、すごく自分を責めるんです。そのときにやっぱりいちばん足りないのは、自分に対する慈悲だと思うんですよ。

増井　僕は、それに近い言葉で「願い」という言葉を使っているつもりなんです。もう全部リンケージするような、自他ともに絶妙な調和性をもって生活したいという「願い」があって、人って意外と、その願いを抑圧しているのではと……。ちょっと話は飛ぶけれども、おかしくなっている状態とはそれが見失われている状態ではないかというふうに、僕の持論としていつも思っているのだけど。

池見　そうですね。そうすると治癒力を阻害しているのは、自分に対する思いやりのなさとか、慈悲のなさとか、そういうものが乱しているというか、治癒力を撹乱しているというか。

増井　強いて言ったら、自分に対する適切な思いやりという。「適切」という言葉がいるような気がするんです。

池見　うん、そうですね。それが、すごく欠けている場合が多いなと。

増井　多いよ。結局、お母さんは良いことをしてるつもりでもやはり苦しいんです。無理をしているんですよね。お子さんもそうされるのは当たり前のつもりだけれども、結果的に自分で何かしようとする自発性をずうっと阻害されてて。「尽くす」という美徳の中に隠れた病理みたいなものが、日本にはとても多いです。

池見　人のためだとか、子どものためだというふうに、いわゆる「尽くしている」というこ

**文献⑦を参照。

とにも、どこか歪《ひず》みがある……。

増井　それは本当に、僕は実感したことがあります。僕は、知ってのとおり船好きで、大学を辞めてから自分の船で沖縄のほうに沿って、フィリピンに行く予定の途中で九州産業大学の話が出て……。それで女房の家が火事になったり、自分の体調がおかしくなったりして。

池見　へえー……。

増井　三年の契約を二年半で辞めさせてもらったけれども、その後、僕はもう生き急ぐように遊んだんだね。船旅で世界一周をしたり、それからバリで家を建てたり、そこでハウスキーパーと一緒に船を造ったり、やりたいようにして。そして、結局思い至ったことというのは、「ああ、もう俺は人のために尽くすことから、これで解放された」と思っていたんです。

　ところがよーく考えてみたら、「いや、ちょっと待てよ」と。「俺は、人のために尽くしている」「人のためになっている」というように思ってきたけれども、結局、人が自分を、患者さんが自分を支えてくれていたような部分があって。そのことに気づいて、それはもう実感として込み上げてきました。

　それで、「ああ、もう少しでもいいから、また臨床の仕事をしようかな」と思っていた矢先に、ちょうど神田橋先生との対談会があったり、病院の仕事がきたりしてね。支えているつもりが支えられていたり、支えられているつもりが支えていたりね。

池見　そうなんですよね。そこは「我」のない世界だと思うんですよね。さっきのお話の中で、「我慢」とか、「わがまま」というのがありましたけれど。「自由」というのもまた面白い言葉で、「意のままに」ということなんだけれども、それってひょっとすると、「我のままに」になってしまう可能性があってね。

増井　そうそう。

池見　「自由」は良いもののようで、逆に危ないものというかね。それこそ「我」が張ってしまうということでもある。

増井　それは本当に、僕は身をもってわかる言葉です。やっぱりきちっとした、ある程度の規則があるほうが、結局自由も得られやすい。日本でも同様だと思いますが、タイの仏教徒にはしてはならないルールが二〇〇くらいあるらしいのです。しかし彼らは「そのほうが自由」と言っていますよね。

池見　うん、そうですね。

増井　自由だけの自由というのは、「一見良いようでも、与えられた個人は苦しい」と患者さんが言うもの。例えば、女房に食わせてもらっていて自由だという人や、とくに定年退職した人の「明日」への苦しみなどは、「あんまり自由すぎて、もう本当に苦しい」と。その苦しさは、死にたくなるほど苦しいらしいんです。

池見　そうですね。「誰かのために」とか思っているのって、まだすごく「我」が働いているような気がするんですね。気がついてみたらお互いが折り合って生きているということが、本当にしばしばありますよね。

増井　うん、あるよね。

池見　犬を飼っていたとき、雨の日も風の日も台風の日も、僕は「この犬のために毎日散歩に連れていってやらないといかん」と思っていたけれども、どうやら犬は、僕を「散歩に連れていかないといかん」と思っていたみたいです。雨の日も、「毛が濡れて嫌なのに、こいつを連れていかないといかん」と犬のほうが思っていた。要するに、折り合って生きていたんですよね。だから、「誰かのために何かをしている」とかってあんまり思っていたら、誰のためにもならないと思うし……。

増井　ああ、それは言えてるね。まあちょっと話を拡大したら、日本の精神医療の世界を憂えるよりも、目の前の患者さん一人一人を大事にしたほうが、まだ平穏だということです。

池見　そうですね。

増井　「ごちゃごちゃ頭で考えたり文句を言ったりするよりも、ゴミ一つを取ってゴミ箱に入れるというところから始めなさい」と、僕は抑うつ症の患者さんによく言います。一つのゴミをゴミ箱に入れる、そのたった一つのことが彼らはできないんです。けれど、たった一つのことをできるようにするためには、まず目を開けて、布団から起き上がって、ゴミを探して、ゴミ箱に入れて、それでしんどかったらまた寝るという、一つ一つの作業をやらないといけない。

その人たちにとっては、それは大変なんです。たったゴミ一つということだけれども、そこから始めることが、僕は自分との折り合いの始まりではないかなと思ったりすることはあるよね。

池見　うんうん、そうですね。

増井　僕は日頃から、「本当に人のために尽くすということは、良いことか」ということをよく考えているんですが、「人を幸福にする前に自分が幸福でなかったら、人は幸福にならないのではないか」と。

僕の家は、そんなふうにしてやってきたつもりなんです。僕は船に乗ることとか魚釣りとか、いろいろなことに興味があって、その興味本位で動いていたら息子が一緒に付いてきたりなんかするし。僕は基本的に好きなように動いて、それを利用するか否かは子どもたちの自由なんです。それでも私自身としては結構ハッピーだったね。

池見　うんうん。慈悲の言葉にある「私が幸せでありますように」というのは、「私が幸せになりますように」というふうによく誤解されるものね。幸せ〝である〟ということが、なかなか伝わらなくて。

増井　なるほど。僕のモットーは、「自利利他」という言葉です。自分に利することは他人にも利するということであり、他人に利することは自分に利することでもあるということです。

池見　一度、息子が酔っ払って僕に絡んできて。「俺は幸せにはなられへん」とか、「どう頑張っても幸せになられへん」とか言うから、僕は「幸せはなるものじゃない」と、「幸せはそこにあるものだ」と言いました。すると、「言っていることが全然わからん」というのが返ってきて、そこで僕は「俺は、おまえというせがれがいることが幸せだ」とだけ言ったんです。

増井　僕は逆に怒ると思います。「おまえがいるおかげで、俺は幸せになれん」という（笑）。

池見　ああ、「なれん」（笑）。そうそう、「なる」の世界はそうですよね。だけど、「ある」の世界だと、「おまえというせがれがいて俺は幸せだ」となる。そうしたら、彼は「今のは心に染みた」とか言っていました。「何をしたら幸せになるか」ではなくて、「幸せは今そこにあるんだ」と。それに気づくということだと思うんですよね。

増井　そう。それを言葉で言ったら、「折り合い」ということになるのではないかな。対人的にはやっぱり、人様と自分が本当に疎通できるということが、そして自分でやりたいことをやれるということが、信じる能力の基本ではないかなと思っていたんです。

池見　そうかもしれませんね。「この人に何をしてあげた」とか、「何をしてもらった」とかではなくて、「この人がそこにいることが幸せだ」ということは、とても折り合っていますよね。ただ、そういうふうな幸福感をもてたらいいんだけれども、なかなかそれがもてない。だから幸せになろうとして、また一つの苦しみをつくり出してしまう。

増井　そうそう、無理して気張ってね。

4　面接における融通無碍

増井　無理をして気張っていると、そこには「自由」と「無碍」という世界がないんです。「無理」と「不自由」があって、それを「自由」という色に塗り替えようとしているだけで……。「無碍」というのは「融通無碍」のことで、何もないということと同時に、自然や周囲と完全に調和しているということなんです。それは、やっぱりある種の幸せのありようではないかなと思います。僕は面接のときによくその気持ちになることがあります。

池見　なるほど。「我」を働かせて、お金があったら幸せだとか、そういうことではないし……。僕はタイのお寺に滞在していたとき、お坊さんを見ていてすごく面白いなと感心したんです。着るものは法衣と決まっているし、食べるものは托鉢でいただくし、住むところはお寺で……彼らには衣食住が全部あるんです。お寺だって、タイの僧侶は給料が出ていないから、明日から違うお寺に行ってもいいんですよ。だから、衣食住のために働かないんですよ。ある意味、完全に自由なんです。

増井　そうそう。

池見　日本人から見ると、「お坊さんって窮屈な生活をしている」と思うかもしれない。肉は食べられないし、自家用車どころかお財布も持てないし、「自由がない」とね。

増井　そうですね。

池見　だけども、実は彼らはすごく自由なんです。衣食住のために一生懸命働いている生活とは違うんですね。僕たちは衣食住のために働いているのが自由であるかのように思ってしまいますけれど、案外そうでもないのかも……。

増井　先生の言われるとおりです。実際、自由もないしゆっくり噛み締める幸福も少ないと思います。「ただそこにいる」「何もしなくていい」ということの意味は、とても大きいと思うのね。とくに、夫婦とか家族においては。治療関係も、とても良い関係はそうですよね。

池見　そうですね。それが、「今ここで幸せだ」という感覚なんですよね。「これを達成したら幸せになる」とかいうことではないし、「過去にこんなことがあったから不幸せだ」というわけでもない。今この瞬間の幸せ、それが大事な気がしましたね。

増井　僕が次に言いたいのは、クリアリング・ア・スペースをしながら話を聞くときに、「相手が何をしてもらいたいのか」「どういう対応が適切なのか」というのは、相手が教えてくれるような気がして。臨床的な知恵が相手によって触発されたんだと思うんだけど。それを違った言葉で言えば、知恵の輪《わ》とか、知恵の泉というふうになる。

　けれどクリアリング・ア・スペースというのは、単に心を整理することと同時に、相手の動きに即応できるという自由性とか、無碍性とか、患者さんと自在に接していると相手が喜んでいるという幸せのあり方とか、そういうものも含まれているのではないかと僕は実感するんです。

池見　なるほどね。

増井　そのクリアリング・ア・スペースをきちっとしていなかったら、もっとほかの雑念に邪魔されて、事がうまく進まないような気がして仕方がないんです。

池見　去年、僕はある論文*を書いたんですよ。クリアリング・ア・スペースではなくて、「スペース・プレゼンシング」だと書いたんです。自分がスペースをクリアしようと**することは自体が、もうスペース（空間）ではないような気がして。スペースは、やってくるものだという気がするんですよ。

増井　なるほど。僕の場合、患者さんなり相手なりがもってくるものだという気がします。彼らと会うと自然と心が開けるというか、自在になれるというか……。

池見　クリアリング・ア・スペースも、自分で一生懸命クリアしようと思えば思うほどできなくなるので。

増井　そのとおりです。そして、クリアされたスペースではそこに自然に知恵が湧いて、それでまたほかのスペースをクリアにする。そうやって自分のスペースがどんどん大きくなっていく。それはまるで心の命の流れのような実感がします。

池見　スペースが現れてくるという感じですね。

増井　本当にそういう実感です。それは、やっぱり相互的ではないだろうかというふうに、物証はないけれども、実感としてはあるんです。「そういうふうに感じてくれている人が、そこにいる」ということを、患者さんはだいたい感じているのではないかという気がしてならないんです。

よく患者さんは「先生と話したあと、気持ちがすっきりする」と言いますが、その「すっきり」とは広々とした空間とでも言えるようですね。そこでは、相手の話を聞こうとする自分と、相手の心が「聞こえてくる」自分があります。それはわりあい明確に区別がつき、だいたい僕は両方を伝えることが多いのですが。

池見　あるとき、クライエントさんとクリアリング・ア・スペースをしていて、職場のこと

*文献⑤を参照。

**「スペースをクリアする」とは「こころを整理して空間をつくる」という意味。

が浮かんできたと言うので、その感じは隣のビルに置きました。次に浮かんできたのがでつかい石みたいなもので、どこに置けるかわからない。二人で置き場所を探していると、ウルル（エアーズ・ロック）と並べたらいいということになって、ウルルと並べる。

その次は家族の問題が出てきて、「これは、誰にも話したことはないんです」と言って、「自分はそれを携帯みたいにずっと持っていないといけない」と言うんです。「これは、どこに置きましょうか？」と言ってもちょっと手放せないみたいだったので、「どこに行きたがっていますか？」と聞き方を変えたんです。そしたら、いきなり「空」、「高い青い空」に置ける、と。空にそれを投げたら、空に吸い込まれていったんです。***

増井　おそらくそれは、「どこにありますか？」と聞いたら、「半分は自分側のこっちにあって、半分どこかにある」というふうな答え方をすると思う。「どこに行きたいですか？」と先生に言われたから、「空」と言ったと思うよね。

池見　そう。空に投げたら空に吸い込まれたんです。そして、「高い空からお祖母ちゃんが見守ってくれていた」と、お祖母さんのイメージが突然浮かんできて、クライエントさんは涙が止まらなくなりました。そのセッションはわずか八分で終わったんですが、本人はそのあと、「このことは、誰にも話したことがなかったからびっくりしました」と発言していました。

でも、実は話していないんですよ。何を空に投げたのかは聞いていません。だけど、本人は話したつもりになっているんです。きっと、何かが体験的に処理されたのでしょうね。あとからメールもいただいたんですが、その八分間のセッションが、すごく大きな人生の転機になったらしくて……。

増井　よくわかる。僕はある本で、問題自体はある一定のエネルギーをもっているので、「問

***この事例は文献⑦の一二三〜一二六頁に逐語記録として掲載されているものである。

題自体を行かせたいところに行かせる」*という方法を示しました。また、そのようなセッションを多くしているんだけどね。確かに、いろいろ雑念をとって、問題に「どこに行きたがっているのか?」と聞くと、問題は収まりたいところに行くのです。だから僕は問題それ自体のエネルギーはどこかに「収まりたがっている」のではないかと思います。

池見　心の中に空があったんですね。このクライエントさんの場合、空が浮かんで、空に投げたら空に収まったのですが、それは空に投げるという自力と空が吸い上げるという他力の接点だったのではいかと思います。

増井　いや、心の中の空というより、客観的な空に近いイメージでそこに飛ばしたのだと思います。

5　秘密のワーク**

増井　クライエントさんが自分の秘密の内容を語らずに、そのクライエントさんの自分の秘密との距離感覚だけで、充分その秘密は治療的に扱えると僕は思っています。例えばそのクライエントさんにとっての「秘密」ですが、その秘密の内容に関する情報がなくても、その秘密の置き場などを感じることで充分「秘密」に関われます。実際に、秘密に触れずに秘密に触れるというワークを今から簡単にしてみようと思います。何か入れ物みたいなものはある?

池見　こんな缶でよければ。

増井　ああ、それでいいです。この中に、あまり人に言いたくないような自分の秘密が入っているとちょっと想定してみてください。それで、想定できたらちょっと合図して。

*この点については文献㊳に細かく示している。

**このワークは作成当初に神田橋條治先生を囲む宿泊研究会(第二回)の中で、増井武士のケース研究の一つとして相互検討されたものである。

池見　ふんふん、ＯＫ、ＯＫ。

増井　ＯＫですね。そうしたら、これをどこかに置くとすると、ここなのか、あっちなのか、どういう場所にあったほうがいいのか？　自分がいちばん落ち着く距離と場所を見つけて、そこに置いてみてちょうだい。その中身は、あなたを苦しめている秘密です。

池見　ここですね。微妙に見えるところに。

増井　うん、ここに。それなら今度は、「ここはいちばん嫌だな」と思うところに置き直してみてください。

池見　ここにあったら嫌だなと……ああ、ここですね。

増井　うんうん。それで、さっきの先生の話とちょっとダブるんだけれども、これはどこに行ったら先生は気が済むのか、あるいは、これ自体はどこに行きたがっているのか、少しそれに尋ねてみて、その行き場所を探してみてください。

池見　僕は今、ハッと思いついたな。これを、こうしていたら蒸発しますね。蓋はなくて、空気に触れさせるというか、空気や光に触れさせる。そうすると、蒸発していく。

増井　自然に蒸発するんですね。なるほど。今、僕は先生と秘密の関係の仕方だけ聞いているけれども、秘密の内容は何も聞いていない。先生は自分の中だけで自分の秘密に触れているわけです。そのときに、先生が言ったように、空にパッと上げたら、この秘密は秘密でなくなって、自分を見てくれていると感じて、さめざめと泣き出した人がいたよね？

池見　そうですね。あるセッションがそうでした。

増井　何かこう、イメージの上では、秘密と言って大事に握り締めているものを、大空に放つことができたりするよね。本当はその秘密はそこに収まりたかったとも考えられるよね。

池見　そう、握り締めているからこそ動かないのかもしれないですね。

増井　けれども、意外と秘密の内容を話さなくても、秘密というものはいくらでも取り扱えるんですね。おそらく全部をこれでやれと言ったら、僕は九九パーセントできると思うんです。

池見　なるほど。

増井　はい。秘密に触れずに秘密を扱うというのは、とくに思春期の女の子たちには、わりと合っている方法みたいです。あまりにも多感で、問いかけには言葉で応じない子が、びんの中にハンカチを入れたり、いろいろ折り曲げたりクチャクチャにしたりして。それ自体は、僕にとり「言葉」ですよね。

　横でお母さんが「××ちゃん、ちゃんと話さんと先生もわからんでしょう」とか言ったけど、「いや、お母さん、私にはわかります。ハンカチが言葉ですから」と言うと、彼女はハッとしたような顔になって。あと、僕は「お嬢ちゃん、やはり今あなたの気持ちはこんなかな?」とハンカチでグチャグチャすると、「いやーん」と言いながら少しずつ話ができるようになってきたようなケースはあります。

池見　さっき僕が言っていた「自分の意志」とか「我」で動かすのではなくて、それ自体が行きたがっているところですからね。

増井　そうそう。指とハンカチで語りたがっている。

池見　僕はその論文*の中では「他力」と書いちゃったんだけれど……。

増井　いや、それがいいと思います。解き放すことだし、お任せすることだから。「我執で握っているものを放すこと」だと。そして、自然に任せるだけだから。それ自体で充分治療的ですね。

*文献⑤を参照。

池見　そうなんですよね。非常にラフな使い方だけれども、「自力」でそれをどこかに隠そうとか、置こうとかするのと、「他力」でそれ自体が行きたいところに行かせるというのは明らかに違うんですよね。

増井　まあ理屈を言ったら、自分と秘密の圧力関係を調整する弁が生理的に働いているとも言えると思うけれども、それは自分が働いているのではなしに、オートマチックに作動する弁が働いているんだよね。クリアリング・ア・スペースは、そういうふうな同調する能力に対して、ものすごくクリアに知恵を送ったり送られたりするような機能があるのではないかなと。

池見　その知恵というのも、さっきの自力と他力というように、「他」の力が入ってき得るような心のあり方に関連していて、それが「スペース」ということではないですかね。

増井　そのとおりだと思います。聞く門には何かが入ってきやすいようにね。だいたい「聞」という漢字は、「門から出て耳をもち出す」という意味らしいです。門というのは我が屋、我執とも、自力とも言えますね。

　だから、自分が門から出さえすれば、「患者さんはこうしてもらいたいだろう」というような知恵を、患者さんのほうから僕にもたらしてくれる。そういうふうな機能を、クリアリング・ア・スペースそのものがもっていると。単に気持ちを整理したりすることだけではなしに、関係の上手な、同調機能のようなものかね。

池見　「スペース」って何かが入ってくる余地があるというか、いろんなものがそこに入ってき得る空間だと思うんですね。知恵もそうだし。でも、それは自力、自分で考えたことではなくて、スペースの中に勝手に現れてくるという。

増井　そう、うん。前も言ったかもしれないけど、聞くことと聞こえることは感じ方が異なりますものね。

池見　面接ということで言うならば、「この面接でこれを達成しよう」とか、「こんなことを聞こう」とか思っているときは、そこにスペースはないんですよね。いかにしてスペースと共にそこにいて、相手をスペースに引き入れるか、みたいなあり方というか……僕はそこがすごく大事かなと思うんですね。

増井　それは、僕の方法で大切にしている「素直さ」とか、そういうことにも通じていると思うんです。「素直さ」は出すものでなく、本質的に「出てくる」ものですね。

池見　うん、そうですね。

増井　相手の気持ちがこちらに届き得るスペースを治療者側がもっていて、届いたと同時に、こちらから問いかけもできるような、そういうふうな……やっぱりスペースの相互性というようなものかな。

池見　人はいろんな願いとか思いとかを他人に向けていて、だけど言葉になっていない部分はなかなか伝わっていかない。だから、いろんなものを発信しても誰も受信しないみたいなところにいる中で、そこにスペースがあって、受信箱みたいなものがあって……そこに何かつながったとか、伝わったとか、そういうことがあるのはとても大事なことではないかなと思います。

増井　だけど、それがわからない人もいるんです。「スペースというものは、相手が入ってくる隙間なんだよ」というふうに言っても、「ちょっと何のことかな」というふうに。

池見　そうですね。

増井　クリアリング・ア・スペースという、もともとの概念規定自体がそうさせている部分もある一方で、もっと別の機能を考えても意味があるのではないかなと思います。「誠実さ」とか「真面目さ」とか、本当にいろいろな表現ができると思うんです。それほど工夫を重ねる価値のある、非常に臨床的にユースフルな態度、構えだと思います。

池見　うん、そうですね。

増井　「構えて構わず、構わず構える」、宮本武蔵はそんなふうに言っているけれども。臨機応変で融通無碍の動きが自ら出てくるというのは、その感覚にものすごく近いよね。

池見　「青空の瞑想*」の山下良道師というテーラワーダの僧侶と対談をしたときに、最初に僕は一五分だけ、ある方とフォーカシングのセッションをやってみせたんです。それがとても充実した「深い」フォーカシングだったんですね。

そこに参加していた、おそらく山下さんのサンガだと思われる方が、あとから感想を送ってこられました。その人が言っていたのは、「聞き手である池見先生が青空に入っているからこそ、あんなふうに聞けるのですよね」「だからこそ、短時間でこんなことが起こるんですね」というような内容でした……。

増井　なるほど、よくわかります。

池見　そう言われてみれば、僕は、聞きながら「ここにもっていこう」とか、「ここに着地させよう」とか、「こんな技法を使ってやろう」とは考えていなくて……。先生も何も考えていないでしょう？

増井　そうそう。ただ技法が出てくるだけの場合がほとんどです。

池見　だから、「面接中、何を考えているのですか？」と聞かれたら、「いや、何も考えていません」というのが本当のところです。

増井　それは、向こうからもってきてくれるような気がします。いろいろな技法の引き出しは自分の中にたくさんあるけど、臨床的に決定的に大切なことは、「その引き出しを患者さ

＊山下良道師は、『青空としてのわたし』（幻冬舎、二〇一四）や、『本当の自分とつながる瞑想入門』（河出書房新社、二〇一五）などの著者で「青空の瞑想」を実践している。曹洞宗の禅僧であったが、ミャンマーで修行し、テーラワーダ（上座部）仏教の比丘となり、現在、鎌倉で「一法庵」を設立している仏教指導者。

んが教えてくれる」という体験です。そのときの技法は、その場で「生きた」技法になることをよくわかってもらいたいと思います。技法を覚えるだけだと誰でもできます。しかしそれだけで技法をマスターしたと思うのは大間違いで。

要は患者さんの身になって、その技法を想定して体験することが大切な共感の材料になっていて、そこで初めて技法をマスターしたと言えます。どのようなときにその技法を使うのかは患者さんへの共感なくしてはその使いどきを見失い、単なるつまらない体験となります。この点は何度も繰り返して述べたい要件です。

池見　そうですね。こっちが空《くう》というか、スペースでも青空でもいいんですけれども、そこで聞いているからこそ、いろんなことを拾えるというか、いろんなことが入ってくる。僕自身が驚くことが起こってくる、そういう感じがするんですよね。

増井　そのとおりだね。いや、この話は確認してよかったと思います。

6　言葉とその治療的交流

増井　次は、何を聞くのかという話に戻って、また**図1**に戻るんだけれども、僕は、この**図4**のように面接とか治療プロセスは動いていると思うんです。

図4では、横の線より上が「言葉の世界」「人の世界」で、この線より下は「命のレベル」としています。治療者は、上のほうから入る患者さんの言葉を、言葉ではない「命のレベル」まで聞いているとします。患者さんから話を聞くときに、その事柄についてだけでなく、それにまつわる〝この感じ〟とか、苦しみとか、話している声のイメージとか、そういういろいろな「命のレベル」のメッセージを聞いている。言葉を聞きながら「命のレベ

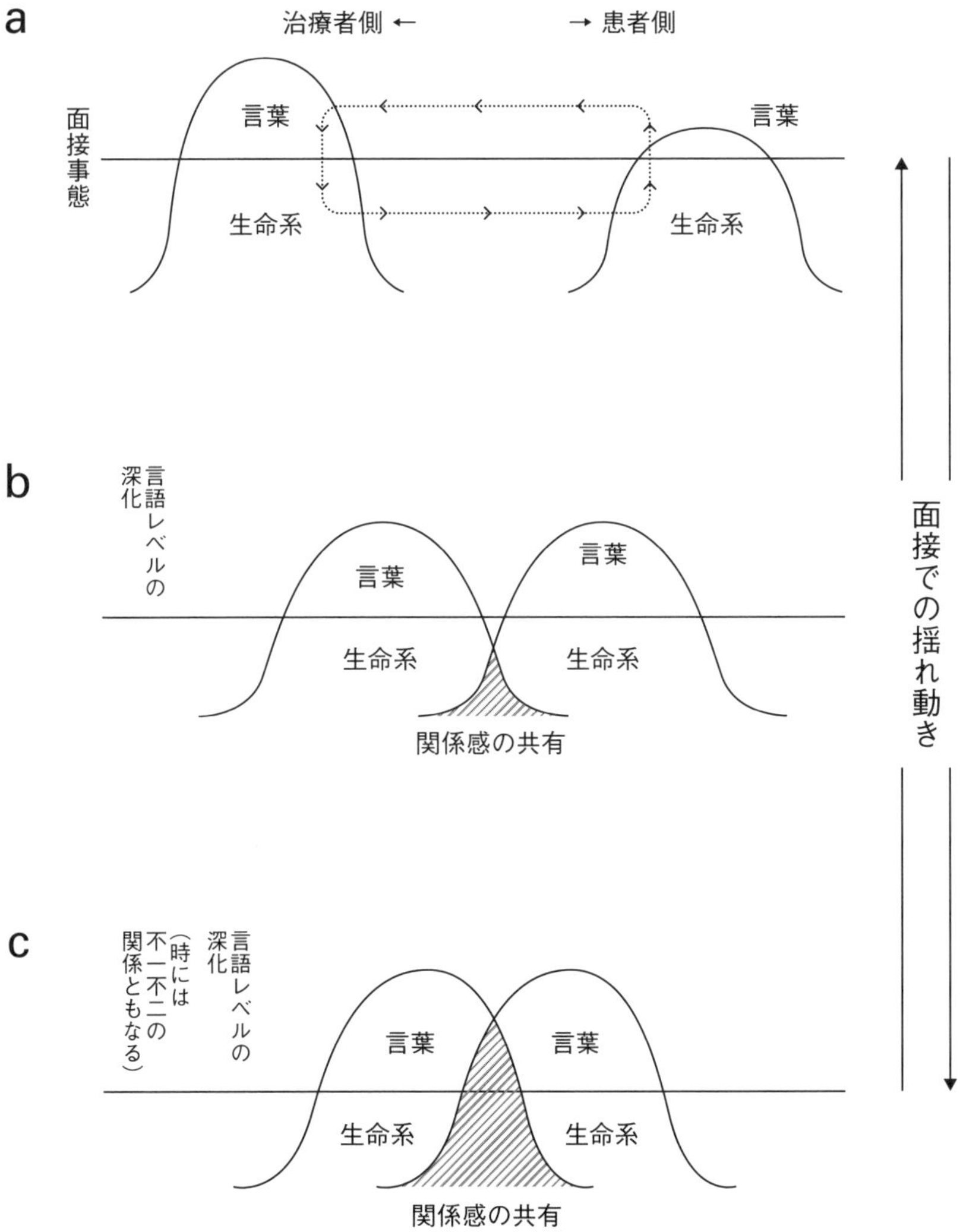

図4　「言葉」とその治療的交流について

ル」を聞いて、また言葉を聞くというふうに、二つの次元でメッセージを聞いているような気がするんですね。それが、やっぱり患者さんには深く聞かれているような気がするんでしょうね。

それがちょっとセッションが進んできたら、次の下のように、言葉の領域が双方にとり大きくなる。大事なことは、**図4-b**の斜線が入っている、二人でオーバーラップした部分、すなわち「人として共にある感じ」というのが、雰囲気として出てくると思うんです。これは親密さというか、雰囲気というか、寄り添いとか俗に「ラポール」と言うけれども、そういう言葉でもあるのだけど何かこう、共にいる感じ。

これはずっと進んできたら、おそらく他人と自分とが共にいる感じが融合して、一つであって二つでないような世界が、数秒間か数十秒間あるような気がするんです。* 例えば**図4-c**のようにです。それで、また**図4-a**の矢印のほうにいって、というようにそのときどきで変わり、**図4-c**のようにあちらこちらにお互い動いています。こういうふうな形で面接やセッションの中で関係性は揺れ動くので、面接というものは生き物なんです。

池見　動いているわけですね。

増井　そうそう。相手が人や犬でも同じかもしれないけど、双方の山の上の言葉の世界が近づき、命のレベルの重なりが大きくなると「聞いてもらっている」という患者の実感が大きくなってくると思います。それは言葉にはならないけれど、その人のうなずき方とか表情とかを見ていると、ある対応の仕方で、ものすごく表情がゆるんだり、うれしそうな顔をしたりするわけです。だからある意味で、こういう関係を続けていくことで、ある人とか、問題への折り合いが自然についてきたりすることがあるのではないかなと思うんです。

池見　うん、なるほど。今、増井先生が「何を聞くのか」というテーマでお話しされたこと

*この点については、文献㉛および文献㊲の二一六～二一七頁に関係して述べている。

について、僕は問いをちょっと変えてみて、二つのことを考えていたんです。まずは「誰が聞いているのか」というのが一つですよね。もちろんそれに関連して、「何が聞こえてくるのか」ということがあると思うんですよ。「誰が聞いているのか」という問いでは、やっぱり「我」で聞いていると、聞こえてくるものもあれば聞こえてこないものもあるし……。

それと、もう一つの「スペースが聞いている」というところでは、また違うものが聞こえてくるのではないかなと思うんですね。だから、僕はここをちょっと変えさせてもらって、「誰が聞いているのか」がすごく大事だと思うんです。「誰が面接しているのか」「誰が聞いているのか」、これによって聞こえてくるものはすごく違うと思うんですよね。

増井　なるほどね。聞くことと聞こえることの関係がね。なかなか上手に表現しにくいのですが、相手の言う言葉を僕の大きな心の空間で聞いていると、ふと別の心の声が聞こえたりするんです。聞くときと聞こえるときってありますよね。それは、意識的、現象的には僕が聞いているんだけれども、聞こえるときは、僕でなく「僕の空間が聞いている」というふうに言ったほうが、正確かもわからない。空間とは何もないから、逆に何でも入ってこれるというか、途方もないことも感じられるんですよね。

池見　そうかもわからないですね。

増井　イメージとしては、できるだけ心を白くして先入観をもたずに、相手の言うとおりに動けるような自在さをもつことが、「聞いている」ということのような気がするんです。それは、僕であって僕でないような気がすると。表現の仕方が難しいのですが、自分の身体が物理的に聞いているのと同時に、もう一人の別の自分も一緒に聞いている実感があるのです。すなわち、聞いている自分の心も聞いて感じているというかな。あとのほうは自動的にやってくるような……。

池見　そうなんですよ。それは僕であって僕でない。

増井　それは、自動的に僕の中で動いていることであって、自分で動かしているものではない。患者さんの言動によって、勝手に動いてくれているもののような気がするよね。

池見　そうなんですよね。だから、本当に無心に映画を観ているときみたいな感じで、スクリーンの向こう側とこっち側で、同じように動いている。ところが、こっちが映画撮影のプロだったとしたら、違う「我」が働きだして、「ここのライティング、ちょっと悪いよね」とか、「このアングル撮り、悪いよね」とかというふうに聞きだすと……。

増井　きりがないね。

池見　そう。そうすると、どこがおかしいかが見えてくるし、聞こえてくる。クライエントの話もそんな感じで、「ここで、この人が言っていることが論理から離れている」とか、「さっき言ったことと矛盾している」とか、そんなことをいちいち気にしながら聞いていると、全然進まないと思うんですね。

増井　なるほどね。

池見　だから、知っていることは全部いったん空《から》にして、その空の中で聞いていると、どうしてかわらないけれど、こちら側に響いてくるものがある。「何か響いてきているよ」ということを伝えることもあるし、伝えないときもある。

増井　ちょっとそれをオーバーに言うと、「無心」か「虚心に」ということではないかな。そこには先生の言う「我」がないんです。

池見　そうですね。

増井　ただ真っ白に、「さあ、どうぞ、気がついてください」という気持ちしかないんです。それで入ってくるものを、たとえ黙って聞いていても、向こうは聞いてもらっているということがわかっているはずだと思うんですね。

池見　絶対にわかっていますね……。

増井　というのは、僕はいつも陪席する機会を与えているのですが、*その人たちが、「話している途中で患者さんの表情がものすごく変わった」というようなことを何回も言うわけです。僕が、そういうことはまったく気にせずに聞いているだけのことで。

池見　そうなんですよ。僕がときどき行っている病院では、初回面接は三人でやるんですね。医師と心理士と、病気によっては栄養士が入ったりすることもあり得るんですが、まあ心理二人と医師一人ということもあります。

　あるインテイクのときに、医師の先生が、最初はずっと問診みたいに質問をしていました。「この症状は、いつからですか」とか「こういう症状はありますか」とか、そういうことを聞いていて、患者さんが答えて、ときどき症状を説明したりしているんです。そんな面接が二〇分ぐらい続いたところで、僕と交代しました。そうしたら、いきなりクライエントさんが泣き出しているんですね。そして、こんなところで語ってもいいのかしら、というような個人的な内容が語られてきて……。

増井　なるほど。

池見　あとから医師の先生がびっくりして、「交代した瞬間に何かが変わった。まさかこんな話が一回目から出てくるなんて思わんかった。私やったら、これ、三か月かかるわ」と言っておられたんです。僕は質問をしていないんですよ。ただ、その人が話したことに応答しているんです。

増井　そうそう。

池見　応答すると、もっと奥へいくんですよ。もっと深い話が出てくるというか。僕は質問

＊この陪席の機会は今でも月二回、希望する方に与えている。

はせずに、そこについていく。そうしたら、患者さんが勝手に心の奥の世界に入っていかれるわけですね。僕は「何を質問しようか」などとは考えていなくて、自分のスペースに入ってくるものについていっているだけ。まあ医師は職業柄、鑑別もしないといけないのでそればかりはできないと思いますが……。

増井　ああ、聞かないといけないことは聞かないといかんよね。

池見　そうそう。症状分類をするなら頭で考えて面接しなければいけない。だから、初回はそれでいいのですが、ずっと継続的にということになると、毎回同じ質問をするのもつらいですし、治療者側も質問を考えないといけないというプレッシャーも出てくる。だけど、やっぱりセラピストの面接というのは、質問をするということではなくて、自分の中、スペースの中に響くものに触れていくことではないですかね。

増井　そう、そこに耳を傾けてね。僕も、いつも病院で似たようなことをしているんです。面接するときに、臨床心理士が一人と、院長先生がいるときがあって、その二人は、要は僕の面接を観察するために同席しているんですね。

　そこで僕はときどき、患者さんのことでお薬のことやら何やらで、院長に「どんなものかね?」とか聞いたりなんかして、やりとりをするんです。すると院長は院長なりに意見を述べる。これはちょっと珍しいケースで、少しＰＣＡＧＩＰ（ピカジップ）のように一対三で面接しているんです。

池見　はいはい。

増井　それは、意外と何の抵抗もなく受け入れられているようです。患者さんもある程度は建前を使い分けたりしているんだけれども、そういうふうな面接もあっていいのではないかなという気がします。ＰＣＡＧＩＰでぐるっと円形になってするように、そういうことも新しい試みとしてやっていいのではないかと思います。

池見　そうですね。

増井　それと、ＰＣＡＧＩＰの何がいいかというと、一人の目で見るのではなしに、一〇人の多角的な目で見られるということが何よりですね。村山先生から本をもらって、僕なりの臨床的ＰＣＡＧＩＰということをちょっとやってみたんですが、これがまた面白いんです。

　そこでは記入する役目は省いて、全部参加する。一人二問以上にすると、質問者と事例報告者の直感的な感性が鈍り、思考の要素が入ってくるから、一人が一問だけ。そうすることで、ある質問において、おそらくクライエントのフェルト・センスがピッと動くんです。それで、その動いたところにみんなが患者さんの目で入っていくから、動きが膨らんでいくんですよね。そこでは、「成り行き自体に意味があり、結果はある意味でどうでもよい」という、成り行きへの絶対的な信頼が必要だと思います。

池見　そうです、そうです。

増井　それで、しまいには落ち着くところに落ち着いて、「よかったね」というふうな形になるような気がするんですよね。

池見　僕のところにいる院生で、ＰＣＡＧＩＰを夢に応用して、「夢ＰＣＡＧＩＰ」＊をやっている人がいます。夢を語って、みんなが一問ずつ聞いていく。そうすると、全然違う方面、本人も予想していないような方面から質問がきたら、夢の解釈が変わってくるんですね。

　そして結局、真実は一つではないので複数の解釈があってもいいし、こういうふうにも、ああいうふうにも考えられる、といったようになって。驚きがいっぱいあるみたいですね。「まさかこんなことがあったなんて」ということを言われるそうです。ある意味で、聞く人

＊文献㊶を参照。

が多いぶん、スペースができるのかもしれませんね。

増井　そうですね。「それではなく、これ」とか、「これではなく、あれ」というふうに、聞き手が一人のときよりも話し手自身を覚知する範囲は広がるかもわからない。

池見　そうかもしれませんね。多角的に見るからこそ、自覚的な目が広がるのかもれない。

増井　そう、僕はそんな実感をずっともってるね。

7　心のゲシュタルトとデザイアー*の発掘

増井　「図地反転」という言葉があるでしょう?　僕がそれを真面目に考えだしたのは、あるケースがきっかけでした。「自分は仕事ができないから、リストラに遭うのではないか」という予期不安からくる抑うつ症状でずっと来談していた人がいたんですね。その患者さんはある日、リストラ対象者として自分の名前が貼り出されているのを見たときに、面白いことに(笑)、それまで「リストラに遭う」ということが図であったか地であったか知らないけれども、くるっと反転したんです。それで、「リストラに遭う」という客観的な根拠を得てからは、ちゃんと働けるようになったんです。そういう、傷口に塩を塗られるとか、泣きっ面に蜂という状況で、かえってしゃんとなるケースはあります。

　よくあるのは、子どものケースで治療中に家族の不幸があり、それをきっかけに「しゃん」としてくるようなケースです。それは、以前の**図1**で言えば「人のレベル」でごちゃごちゃ考えていたのが、生命系がポンと刺激を受けて、ハッと我にかえるとも言えますが……言ってみれば、**図1**の三角型が逆三角となっているのが、元来の三角型に戻るとも言えます。これは、「図地が反転した」と言うほうがぴったりくるんです。逆三角はきわめて

*デザイアー(Desire)は願望・欲求という意味の英単語。

不安定で少しでも触れるとコロリと転げるでしょう。それが三角型になると、元来そうあったように安定するんです。「地に足がついた」とでも言えます。

それで僕は、人の心というのは、ゲシュタルトのように、あるものが図になったり、地になったり、万華鏡みたいに変わりながら、くるくるしているというふうに、より考えだすようになったわけです。簡単な論理で言うと、症状というのがその人の大きな図であったとしたら、症状とまったく関係のない「何か」をつくって、それを少しずつ大きくしていったら、相対的に症状の側が小さくなっていくという現象があるということを言いたいんです。「そんな単純なものではない」と言う人もいるけれども、臨床的には、そういうことが必ずと言っていいほど頻繁に起こるのです。

その方法の重要な一つの要素が、「デザイアーの発掘」ということです。この人の生命系、簡単に言ったら「何をしたいか」ということを、ものすごく細かくして、治療者側がクライエントが食べやすいように料理をしてあげる。例えば「世界一周の船旅へ行きたい」と言うなら、そのビデオやパンフレットを持っていってあげたり、旅行会社の電話番号を教えてあげたり……。僕は、ある意味で「図地反転」とかいうのは、自然治癒力の世界も含めて、「デザイアー」が一つのキーワードだと思うんです。その人の隠れた「デザイアー」を少しずつ大きくして、相対的に全体的な図柄が変わるようになっていくのが、多くの治り方のパターンではないかと考えるようになってきたわけです。「自分が自分でありたい」というデザイアーは、とても大切な治療的原動力なんです。

何ともならない症状を真っ正面から何とかしようとするのは、自分の座っている座ぶとんを上から両手で持ち上げようとするようなもので、とても動かせません。しかし、座ぶとんから一度おりて、横から座ぶとんを動かすのは簡単です。症状を何とかしようと思うなら、症状から離れて、別のところに「何か」をつくるほうが容易なのです。そのようにすると、症状もその相対的位置も変わってきます。

ですから、症状から離れて何かのデザイアーを刺激しようとすると、例えば「仮に五〇〇万円宝くじが当たったとして、貯金はせずに遊びに使わないといけないとしたら、いったいあなたは何に使いますか?」と、突飛な質問をすることなどがよくあるんです。

池見　最近の宝くじは五億円ぐらい当たりますが、やはり五〇〇万円ぐらいに抑えておく理由は何かあるのですか?

増井　ある。それはある程度のリアリティがないとだめだから。というのは、デザイアーの裏には絶対にファンタジーがあって、僕は基本的に、夢みたいなものは逆に現実を支えていると思うんです。それで、現実もまた夢を規定して、お互いに支え合って生きていると思うんです。

池見　夢と現実が、お互いを支え合って……。

増井　そうそう。僕たちは今、現実を生きているつもりでも、ひょっとしたら夢の部分が入って僕の現実を支えているかもわからないし、夢の中にも現実の雨音が入ってくることがあるしね。基本的には、何もないところから僕たちは生まれて、希望をもち、欲をもち、夢をもち、それでずっと生きてきているわけです。いわば僕たちは、何にもない赤子の状態から生まれて、感覚的に自分の感じられる、いわば独断と偏見を基本として他人や世界を見ているようにですね。

だから、僕はときどき、「仮に五〇〇万円宝くじが当たって、遊びに使いなさいと言ったら、どんなふうに使いますか?」「今、五〇〇万円使い切れない場合は、また次に考えてきてね」と言ってね(笑)。

池見　次のときまでに、使い道を考えてきてくださいと。

増井　抑うつ症の人は、たいてい一、二泊の家族旅行ぐらいしか思いつかないのです。夢というか、ファンタジーというか、デザイアーというか、僕の言う生命系の世界が枯渇しかけているわけです。逆に考えると、枯渇しているデザイアーが活性化すると症状は遠のく。

池見　五〇〇万円はなかなか使い切れないですね……。

増井　温泉旅行なら、四七〇万円ぐらい余るわけです。僕がそう言ったら、患者さんの表情が緩むって、陪席している人たちが言うんですよ。残りの四七〇万の使い道について、「仮にでも何かしたいというものがあれば、思いつくだけでもいいから」と言ってファンタジーを促進するわけです。「貯金とか子どもの進学資金はだめですよ」と、いっそ笑いながら伝えて、患者さんが自分なりの答えを見つけたら「よくできましたね」と褒めるわけです。

　患者さんにしてみれば、ぼやっと歩いているときに、ふと気になった喫茶店に気軽に入ってみるなんて、とんでもないことです。それができるためには、基礎工事をいっぱいしておかないとそこまでいかないわけです。その基礎工事の一つが、五〇〇万円という話です。

池見　なるほど。

増井　それで、健康な人、例えば学生に聞いたら、「先生、五〇〇万円では足りないから、あと五〇〇万円ぐらい何とかならないだろうか」と（笑）。

池見　僕はそれでも足りない（笑）。

増井　そういうふうな、デザイアーの発掘というのも、ゲシュタルトをちょっと変えるきっかけになるということです。それと、もうこれは当たり前のことだけれども、「そのときのあなたの感情はどうですか」「こんな感じではなかったですか」というように、事柄から感じに、言葉から感じに変換してみるとか。

池見　うん、なるほど。

増井　デザイアーの発掘の五〇〇万円と同じように、僕はイメージをしながら患者さんの話を聞くわけです。たいていは、僕の内に自然に起こってきたことをイメージにするんです。患者さんの言っている事柄なり、言い方や声をずっとイメージしながら聞いてると、出てくるイメージが少しずつはっきりしてくるんですよね。*

　そのときに、「ちょっと思い過ごしかもわからないけれども、こういうイメージが出てきましたが、あなたはどんなふうに思いますか?」という問いかけをする。そこでその人が、「そこのイメージはこう違う」とか「ああいうふうに違う」と言うようになったら、ちょっと違う隙間ができると思うんです。それは「本当はこう言いたかったかも」といったデザイアーで、自己社会化の基本的欲求とでも言えるものです。

　だから、このイメージのもつ特徴をまとめれば、一つは生命性、一つは統合性、一つは多義性と言えるけれども、もう一つは、「実行を遅滞させる」という機能をもっていると僕は思います。

池見　実行?

増井　実行。親殺しのイメージがきちんとできたら、実際に親に家庭内暴力しないんです。

池見　なるほど。

増井　だから、これは本書のあとの課題やテーマになる自殺のときにも大事なタームになるけれども、怒りのときのタームにもなるんです。怒りのイメージをたっぷり味わうと、逆に、家の中で人を叩くとか、ドアを叩くとかという行動が遅滞してくるんです。この四つ目の機能というのは、とくに自死の心配のある場合など、僕はとても大事にしているのです。

*このあたりについては、文献⑱および文献㉞の一二七〜一三〇頁を参照。

池見　うん、なるほど。

増井　それから、患者さんが何か意見を言う前に、あまりうまく言えない場合や自分の言葉がはっきりしないときには「うまく言えませんが……」とか「どう言ったらよいのかわかりにくいのですが……」とか、そういった前置きのための適切な言葉を探して、必ず前置きから話すよう練習してもらいます。そうしたら、いわば心の便秘のように、少し前置きを出すことで続きが少しずつ出やすくなり、時にはドッと出るときもあります。するとその次からは、ぼんやりとした気持ちがわりと出てきやすいんです。

　そうすると、頭の世界から生命の世界へ、アナログの世界へ比較的入りやすくなるよね。いろいろな自然治癒力を刺激する方法として、どれがどうきちっと当てはまるかはわからないけれども、こういういろんな方法をやっていますよということです。

池見　五〇〇万円の宝くじが、何かずっと引っかかっているというか、面白そうだなと思って。でも、やっぱり「五〇〇万円では足りない」と思うので、僕の場合はあんまりアナログ的でないですね。

増井　それは、アナログではなしにデザイアーの発掘かもしれません。いずれにしても不快な感じはなく少しワクワクするでしょう?

池見　デザイアーね。うん。でも、僕は表か何かをつくって、五〇〇万円の使い道をきちっと決めてきそうです。だから、結構デジタルに考えそうな気がするなあ。だから、ある意味、症状はデザイアーを隠しているというか。そういう見方もあるんですかね。

増井　そうそう。症状がデザイアーを隠しているということは言えていると思うね。僕は、それがとくに抑うつ症の人には言えると思います。そしてほかの心の病気についても、病理の根本の一つと考えています。

池見　うん、うん。

増井　抑うつ症の場合、一見慎ましくあるけれども、非常に窮屈でもあるよね。とても窮屈だよ。その箍《たが》を緩めると言ってもどう緩めていいかわからないから、「仮に、あなたが何でもできるのだったら何をしたいか?」というふうに、「仮に」というファンタジーを僕はものすごくよく使う。

それで、そのファンタジーがファンタジーらしくなってきたら、最初の心持ちとか、顔色がちょっと変わってくるんです。だから、「デザイアー」というよりも、「ファンタジーの機能の着目」とか言ったほうがいいかもわからないですね。

池見　うんうん。僕はさっきから、なんでかよくわからないんですけれども、森田型神経症みたいなものが浮かんでいて。

増井　ああ、ヒポコンデリアの?

池見　はい。例えば神経質であるというのも、逆にすごく支配性があるがゆえだったり、すごく対人恐怖が強いのは、逆に対人場面の支配性とか万能感、あるいはそういうデザイアーがあるがゆえだったりとか。そんなことを、さっきからチラチラと思っていたんですけどね。

増井　そういうことを実は言いたかったかもわからない。抑うつという中で、「五〇〇万円を何に使うか」というような素直なデザイアーを、抑圧しているというか、その成長を妨げているというか……。そのデザイアーって基本的に、元の元をたどったら、まあ素直なものです。子どもが筆箱を欲しがるみたいなものですよ。「それをきれいにして持っておきたい」という類のね。

池見　ああ、そうですね。

増井　だから、そういうデザイアーを少しずつ覚知していったら、そこから折り合う世界というものが少し出てくるのではないかなとは思うわけです。結果的にそうなっていくことが多いという、経験的な事実から方法を書いているんだけど。

池見　なるほどねえ。面白いなあ。メソッドをやってみたいな。

増井　うん。

池見　三〇〇〇万円ぐらいでやってみよう（笑）。でも、何かさっきから、ほかの心理療法にもよく似たのがあるなと思っていて、「図地反転」とおっしゃったけれども、「注意スイッチング機能」みたいな言葉があるじゃないですか。

増井　はいはい。

池見　それのほうが「図地反転」より適切なのかなと思ったり。だけどゲシュタルトのほうが一般向きに説明しやすいかもしれません。

増井　なるほど。

池見　それから、マジック・クエスチョンみたいな、ソリューションみたいなものを探すときに、「何があったら良くなりますか？」という質問をするところにも共通したものがあるかなと思いました。

増井　他人任せみたいな問いかけになるけれども、「何があったらちょっとましになるか？」というのを問うことで、その内省を観察することで、少しは楽になることもあるんです。他人任せみたいだけれども、わりあいそれはあるんです。

池見　そうですね。インテイク面接で、そういうことを聞いてほしいなといつも思うんですよ。生育歴ばっかり聞くのではなくて、「どうなりたいのですか？」というのと、さっきの見立ての話ですが、「何があれば今の状態は少しでも良くなると思いますか？」というような。

増井　空想でもいいから、何でもいいからね。

池見　そう、空想でもいいから、それも聞かないと足りないと思うんですよね。それは空想であっても、その中にもたくさんのヒントが入っているのではないかと思いますよね。

増井　うん、そうです。それで、「願いのワーク」というのがあるけれども、それをちょっとしてみるかね。

8　願いのワーク

増井　紙はありますか？　普通は、紙なんかはあまり使わないんだけれども、ちょっとやってみたいと思います。このワークは、患者さんが「こういうことさえなければ、自分が楽だ」とかいうふうに、訴えが強くてきついときにときどきします。

　ではいちばん初めに、ここに三つぐらい「これさえなかったら自分はものすごく楽なのに」と思うようなことを、その内容は絶対に見ませんから、書いてみてくれますかね。

　例えば僕の場合は、仕事上、人のペースに合わせなければいけないので気を長くもつようにしていますが、私生活に戻るとものすごくむらっ気《け》があって、やる気があるときとないときの差が激しいんですよね。だから、「むらっ気のあること」と書いて、それでまた「こういうことがなかったらいいのにな」と思うことを書き上げて。これはちょっとしたデモンストレーションですから三つぐらいでちょうど。

池見　はい。三つですか。二つでもいいですか。

増井　うん。いくつでもいい。その数は限ったことではない。普通は、患者さんが言うことと言ったら五つぐらいよね。書いたあとは簡単なんです。書いた言葉の後ろに、もう事務的に、一つ一つに括弧をつけて「能力」と書き入れてくれるかな。

池見　能力?

増井　うん。例えば僕の場合は、「むらっ気がある能力」とか「むらっ気能力」とかです。

池見　はあ。

増井　困っていることを書いた後ろに、もう事務的に「能力」と入れてほしいんですね。それで、ここから少し思いを巡らせることになります。というのも、その能力のおかげで自分が助かっている面、自分が救われている面もあると思うんですよね。それに思い巡らせて、いくつでもいいから、「こういうところが助かっている」とか、できるだけゆっくりと考えるんです。

　僕の場合は「気が向いたら事が早いから、それがまあ助かっている面かも」とか、そういうふうに。「ああ、こういうことがある」「こういうこともある」というように、二つ、三つぐらい、それぞれに思い巡らせてもらいたい。まあ、今は治療ではなく、やり方を紹介するための簡単なワークですので、六割か七割ぐらい出たらそれでOKかなと思います。だいたいそのぐらいは出たかな?

池見　はい。

増井　はい。ここからもうちょっと深い内省が必要なのですけれども、自分が助かっている面とか、困っている面とかは、果たして自分のいったいどういう「願い」からきているのだろうかということについて、ずっと思い巡らせます。それで、「ああ、こういう願いかなあ」「あっ、こういう願いからもきているか」ということで、自分が大きくうなずける程度に応じて願いの正解性は深いというふうに考えます。

僕の場合はもう簡単で、「与えられたことの課題を、ちゃんと責任をもってやりたい」という願いがぴったりきているんですよね。その答えは一つでもいいし、いくつでもいいです。……だいたい出たかな？

池見　うん、書きました。

増井　その出てきた願いのうち、「これっぽいな」と思うもの、すなわち自分が「うん」というふうにうなずけるものを一つ、二つ選んで、マル印をつけて。その願いの部分だけを、僕に話してもらえたらなと思います。マル、つけた？

池見　はい、二つとも。

増井　うん、じゃあ、その願いの部分だけを話してもらおうかね。

池見　一つは「ヘルス」と書いたんですが、「ヘルス」という言葉はぴったりこなくて、何というか「ヘルスへの願い」ですね。「ヘルス」は、全体という……。*

増井　ああ、なるほど。それともう一つは？

池見　もう一つは、「自分自身であることへの願い」。

増井　なるほど。そういうふうに、願いに基づいて、ときどき自分というものを自己規定し直してみたら、障害とか問題というものは生きる原動力みたいに、いい形で再生産できるというかな。

例えば私の場合、むらっ気な人間というより、与えられたり、しなければならなかったりする仕事をまっとうにしたい人間というようにですね。そのほうがよほどポジティブで、なおかつ深い意味で素直です。そのときにどうしても必要なのは、困っていることでも助かっていることがいっぱいあるというのを、自分で見つける作業。

ごく簡単に言ったら、これが「願いのワーク」みたいなものです。「自分はせっかちだ」

*「健康」を意味する英語の「ヘルス（health）」は古代ギリシャ語「ホロス（holos）」に由来する。ホロスは「全体」や「完全無欠であること」などの意味をもっている。

と自己規定するより、「自分は与えられた課題をきちんとやりたい人間だ」と規定するほうが、次の行動に移りやすいなどのメリットは多いんです。

池見　いいですね。

増井　患者さんが困っていて、それに非常にこだわっているときに、その一つのことについてこういうことをするときがあるんです。最初はうまくいかなくても、こっちが「ああじゃない?」とか、「こうじゃない?」とか言って。例えば患者さんが「会社に行けずに困っている」と言って、「得している点は何かあるか?」と聞いたら「わからん」と言うときでも、「その間、休んで休養できているじゃないか」と。「それは、健康のために得をしているんだ」というふうにやりとりしていくというのが、まあ大雑把に言えば「願いのワーク」だと。

池見　面白いです。願いの側から同じ事態を見るということですね。「こういう事態を願っている自分がいる」という。

増井　そうです。そのためにはやっぱり、困っていることで実は助かっている面もあるということに思い巡らせて、いっぱい書き上げていかないと、願いというのは出てきにくいんですよね。また、単に困っているだけではなしに、助かっている面もあるということの発見自体も、やっぱり患者さんの気持ちをずいぶん楽にするね。

池見　そうですね。

増井　これは以前、僕は自分のためのエクササイズとして自分でやってたんだけれども、神田橋先生の研修会などで一緒にやってみたら、「意外とうまくやれている」と言うから。それで、一〇年ぐらい前からそのやり方とか構造をつくって始めたということです。

池見　ジェンドリン哲学の論文に、「事実は単に事実ではない、壁は、向こう側に行きたい人にとっては弊害だけれども、その内側にいて守ってほしい人にとっては頼もしいものだ」というくだりがあったことを思い出しました。

増井　ああ、なるほど。

池見　壁という事実は、一つだけなのではなくて、ある見方をすれば弊害だし、別の見方をしたら役立っているという、そういう表裏の見方というか……。

増井　そうだよね。確かに問題の表と裏があって、苦しい反面、助かっている部分もあるという事実が、このワークをするとよりはっきりしてくるよね。

池見　はい、そうですね。

増井　このワークは、慣れてきた人にとってはやりやすいんだけど、あんまり最初からやるワークではないね。あとの仕上げのほうで、あえて僕はやったり、時にはやらなかったりしています。

池見　何かで困っているということは、何かを願っているというふうにも言える。

増井　そのとおりです。だから、「治りますか?」と聞かれたら、僕は「ある程度は治る」と答える。「なぜかというと、治りたいと思っている人はある程度は治るんです。あなたは遠くのほうから外来のこの場所まで来ているんじゃないですか」と。

治りたいと思っている人に、ある条件さえつくることができれば治ります。だから、治療の場とは、治るためのある種の条件づくりの場なんです。あるいは、風通しをよくする場というか、そういうことではないのかと思うんです。

池見　うんうん。泳げなくて困っているという人は、泳ぎたい人だし、速く走れなくて困っている人は、速く走りたいということだし。

増井　そうそう。それで、「速く走れたらいいね」と思っているほうが、「私は速く走れない」

というふうに思うよりも、もっと楽に前に進むことができるよね。

池見　そうですよね。

増井　それで、これをときどき治癒力の刺激の一環として入れることがあるんですよ。

VI　常識への疑問*といくつかの技法

1　生身の私でいることの重要性

増井　ところで僕が頻繁に思うのは、治療的にまったく根拠のない、誤った常識などを教えている大学の教員とか心理臨床家が意外と多いんですよ。例えば、「聞かれても語るな」とか、「患者に道端で出会っても、無関心でいろ」とか。

それからこれがちょっと引っかかるんですが、「患者は自身の秘密に近い深い水準まで言語化したほうがいい」という、暗黙裏の当然のような原則みたいなものがあって、その話をすることの副作用というものを教えていない大学が多いような気がします。言葉には、「それを言っちゃあおしまいよ」というふうな危険性がいつもあるから、患者さんがあんまり話をしていて次の状態や面接がきついときは、僕は実験的に二～三週間お休みを入れたりすることもあります。それで、この暗黙裏の原則というか、一部のセラピストの中の傾向として、「意味のある話をするほどいい」という信念はかなり強いんです。

けれど、初っ端から性的な話や怒りや、その他諸々の不平を話す人は、ボーダーラインに多いし、その場合はもっと外的事実から聞いていくほうが無難なんです。そしてその場

＊この点については、文献⑮および文献㉞の二四五～二七五頁に詳しく述べている。

合、その患者さんが「話を聞いてくれない」と怒るならば、ますますその気が強いということです。秘密とか強い感情を話すまでには、形式的なやりとりが何度もあるのが通常で、それがある種の健康さを示すバロメーターでもあります。
　何でもかんでも話をしたほうがいいということでは、僕はないような気がするんです。やっぱりある程度話してきりがついたら、自分の中できちっと俯瞰する時間があっていいのではないか。何でもいいから浮かんできたことを話すだけ話すということをしていたら、健康な人でも少し不安定になったりすることがあるような気がするんですよ。それは、先生はどう思う？

池見　うん、これは、神田橋先生の「『自閉』の利用」** と何らか関連するような感じがして……。

増井　そうそう。とくに自我の固い人がある解釈に誘われて、深い話が続いたあと、一級症状が出て一過性の精神病様状態に陥り、もとの自我に戻るまで一苦労することもありました。おそらくそれは、自我漏洩などと関係するかもしれない話ですが。過剰に話をしすぎると、自分が漏れていって取り返しようのないような症状が出てきたりすることがあるから、やっぱりそれぞれのレベルで、ある種の水準があると思うんです。それ以上のものは別の扱いがあっていいのではないかというのが、僕の持論なんです。出しすぎたものは、引力の法則で何かの反作用がくるのが自然だしね。

池見　僕は、漏洩ということはあんまりピンとこないんですけど。「言葉が生み出す世界」ということを思いますね。言葉を話すうちにエスカレートしていくというか。非常に正確に言葉にできていたらいいんだけれども、そうでないときに違ったものをつくり出してしまうというか。

** 文献⑧を参照。

増井　なるほど。

池見　それは、何か漏洩したわけではなく、違った幻を言葉がつくってしまうというような。だから話したあとになって、「いや、言いたかったのはあれじゃなかったのに」ということになってしまうのではないかな……。

増井　まあそのときは、次の面接で修正が利くことがあるかもしれないけれども、患者さんは自分で変わろうとして、治療者の暗黙の目標というか期待というか、そういったものに従って「できるだけ自分のことをさらけ出して話をしたほうがいい」と、自分で思い込むでしょう。治療者はそのとき話が深まったと思うけれども、もともと内向的で多感な人がいろいろ自分のことを話して、無理しているというか、無我夢中というか、当てはまりすぎている話であると治療者がわかっているときは、話をストップするほうが次の副作用を起こさずに済むのです。

　しかしそれがわからないとき、そのまま面接を続けていたら、ある日突然、患者さんは自分がばらばらになったような感じがするというようなことになる。まれではありますが、精神病状態にポンと落ちることがあるんです。

　それと、分析療法みたいにしていて、こっち側の想定やシナリオと向こうの内的状態がピタッと合ったときに、連想がどんどん進む。それでその後、洞察が絶望的になったり、体にきたり、やっぱり精神症状として、思いもかけないように悪くなったりすることって、僕には何度もありました。

　だから僕は分析的接近リスクを極力排除するよう心がけるようになったのですが、やっぱりある種の語ることのリバウンドとか、危険性みたいなものが治療者の念頭にあったほうがいいと思います。正確に事実をしっかり語るということができるレベルと、ちょっと

話が深すぎてアンバランスになるとそれができないレベルと、やっぱり多少あるような気がします。そのアンバランスを上手に話ができる患者さんは少ないです。

池見　そう思うと、根拠のない誤った常識って、ほかにもありますよね。例えば、自己というものが存在していて、「その自己について語るほうがいい」とか、「聞くほうがいい」とか。昔、先生、「エンカウンター強迫」みたいな言葉を使っていたじゃないですか。

増井　ああ、そうそう。

池見　「本当の自己に出会いに行く」とか、「自分探し」とか。そういったことを言うときも、自分という隠れた存在があるという……。それは、根拠のない誤った常識になってしまう。

増井　それで結局、ある患者さんが自分探しのために自分の内側をめぐって、めぐって、周りに迷惑をかけながらめぐって、あとは何もなかったということもあるよね。めぐることに意義はあっても、その結果には意義をもたせないほうがいい場合もありますね。

池見　そうですね。何もなかったのならまだいいんだけれども、何か幻を見つけちゃうというか、そう思い込もうとしてしまうとか。多くの神経症圏の人って、何かそんな思い込みをもっているような気がするんですよね。

増井　そうそう。とくに、それとエンカウンターが合体すると、「思っていることを言わないといけない」という強迫観念が生まれて。僕もエンカウンターにちょっと抵抗があるのは、そういう人格をもった人に出会うと、何年も前のちょっとしたことを覚えているわけです。「三年前に先生はこんなことを言っていたが、これはどういう意味か」とか聞かれたときに、こっちとしてはまったく記憶はないよね。そういう、言われたこととか言ったことへのこだわりみたいなものは、ある種のエンカウンター強迫と重なったときとか、やっぱり強烈だよね。

池見　そうですね。だから、「本当の自分はこんな自分だ」とか、そういうふうにしゃべる人がわりといるけれども、そういうのを聞いていると何か嘘っぽいんですよね。奥に、本当の自分みたいなものがあるみたいで、それもまた困ったものだなと……。

増井　ないような自画像を描いてあるように思うセラピストがたくさんいるというのは、ちょっと困った話です。

池見　そういう感覚のままセラピストになった人が、「その隠れた自己を掘り出さないといけない」という強迫に囚われるみたいなね。そんなことになってくると……。

増井　ちょっと大事《おおごと》ですね。

2　話すことの副作用

増井　話は前に戻りますが、「恋愛の経験はおもちですか?」というふうに患者さんに聞かれて、「それは言えません。私たちのルールとしては、それは言わないんです」という対応が堂々と行われているんです。それは、僕もいかがなものかと。とくに僕みたいに、相手との人間的な相互作用を大事にする立場から言うと、大切な人間的相互関係をそこでもうざっくり切ってしまうような気持ちがして、場合によってはちょっと怒りに近いような感じを覚えたりするときがあるんです。

池見　うんうん。心理療法面接だからといって、「普段なら聞かないようなことまで聞いていい」という発想はいったいどこからきたのか、というのもありますよね。

増井　そうそう。それもあるし、「心理療法の場面だから、何か特別なことをしないといけない」というふうな意識も、やっぱり誤っていると思うな。日常性をそのままそっともち込めばいいのに、非日常的な場面と思うから、そこでもう完全に面接が非日常的なものとなり、日常的な良い関係を潰してしまっているんです。治療関係を特別な作業と思い込むときから、患者さんとの良い関係がずれてしまうんですね。

池見　そうですね。医療の中である意味、身体に触れるということが、白衣を着ているからできるみたいなところがあって。何かこう……白衣を着ている人は人間ではないみたいな感じで。

増井　本当だね（笑）。

池見　だからこそ、裸の身体に触れられるというところがあるけれども。だからと言ってその白衣を着たら、しゃべりたくないことまでしゃべらせていいのかという問題もあるし。

増井　そうですね。うん。

池見　そもそも、それも一種の幻想で。白衣の下は生身の人間だし、ある意味、人間であることを白衣でカモフラージュしているというか、隠しているというか。

増井　だから、僕はずーっと何十年もこの仕事をしているけれども、白衣は着たことがないんです。いつも私服です。着ると、自分も相手も、やっぱりそこで壁ができるんです。白衣のせいで、せっかくの日常的面接が非日常になるんです。だから私服のままのほうが好ましいと、僕は思います。また、そのほうがお互い気楽にやれるからね。

池見　生身ですね。

増井　そう、その生身が大事なんです。「生身」と言ったら「普段どおり」ということです。だから、普段着るものはそのまま持ち込んだほうがいいのに、特別な白衣などを着て舞台に出るからおかしくなるんですね。

　強いて言ったら、面接は日常的にやって、逆に日常はちょっと他人行儀にして非日常的にやれば、ちょうど良いバランスになるのかな。心がけとしてね……。

池見　そうですね。僕は本当に駆け出しの頃、病院にいたときは白衣を着ていたんですが、ほとんどの患者さんは内科から回ってきた人たちでした。あるおじさんは、僕が白衣を着て診察室に入ると、いきなり服を脱ぎ出して。胸や背中に刺青がいっぱい入っていて、僕も見たくなくて「ああ、すみません。服は着ておいてください」とか言って（笑）。白衣って何かそういうステージをつくっちゃうんですよね。

増井　僕もあるよ。医大病院で、白衣なしに歩いていたらガードマンに止められたんです。

池見　ああ、ガードマンに！

増井　「通行許可証を見せてください」と言うので、「業者ではなしに、僕は病院のほうに用事があって行くんだ」と。「それなら先生、なんで白衣を着ていないのですか」「これから白衣を着るように」と説教を受けたんです。それからは必ず小脇に白衣を抱えるようにしていたけれども、白衣を着るということは本当にいかがなものかなと思うときがあるね。

池見　アメリカの精神科医は、小脇に白衣を挟んで歩いている人がわりと多いですね。あともう一つ、僕はよく問題にしていることがあるんですが、「言語化」とか「表現」とかいうのが、わりと一方通行だと思われているんですよ。

　例えば、「アートは心の内面を表現する」とか、「感じていることを言語化する」とか。「内から外へ」という一方通行で考えられているけれども、実はその逆のほうが多くて、言葉が気持ちを呼び覚ますとかね。感じていることをとりあえず言葉にしてみると、その言葉が気持ちを呼び起こしてくる。呼び起こされた気持ちがもともと言いたかったものとずれてたら、言葉を訂正する。すると、訂正されたその言葉がまた何かを呼び起こしてくる。だから、ここには言語化と、その反対側があるんですよね。何て言うんでしょうね……。

増井　誤った自己完結性みたいなものの反作用のようなものとかいう感じかな？

池見　言語が呼び起こすリアリティとか。

3　自己完結の弊害

増井　話が飛ぶかもわからないけれど、僕がこれまでここで話してきたテーマのようなものは、対談形式にせずに持論として本にしても問題はないのですが、そうするとどうしても自己完結するんです。自己完結していいような類の課題と、関係によっていろいろ変わってくることが相応《ふさわ》しい課題とがあります。僕が対談形式でこれをしたいと思ったのは、その関係によって変わってくること自体が、とても大事なことだと考えているからです。

池見　そうなんですよね。

増井　本にするということは、「要するに」という形で自己完結しやすいのです。だから、自己完結したくなければ、ちょっと独り言のようなことで文脈を分けたほうがいいんです。僕の文章はいつも「読みづらい」とか言われるけれども、こうとも言えない、ああとも言えない終わり方というのは、一見恰好が悪いんだけど、自己完結しないほうがいいと僕は思うんです。

　なぜなら、その完結しない隙間に、読み手のイメージとか考えがいっぱい入るからです。「こうかな」「ああかな」という、断定的ではない、呼びかけるような言い方のほうが相手はとっかかりやすいんです。事実、我々の世界に自己完結できるようなものは何もないと考えたほうが治療的だし、生産的だと僕は思います。

池見　ジェンドリン先生の哲学は、「これが正しい」とか、「真である」ということを主張した瞬間にそれが覆る、という面白いものです。そんな哲学は、ジェンドリン先生以前には三つしかありませんでした。

　プラトン・ソクラテスでは対話をしているうちに何が「真」であるかは変わっていきます。ヘーゲルではディアレクティークを通して、そしてディルタイでは解釈学で。絶対に完結しないんですよ。しゃべっているうちに、何が真であるかは変わってきます。そのことを「織り込み済み」なのがジェンドリン哲学なんです。だから、対話というのはそのように、自分の中で「これはこうである」と思っても、話しているうちに違ってきます。

増井　違うね、うん。

池見　「伸びしろ」というか、違っていく部分を残しておくのが対話で、本に書いてしまうと変化がなくなりますね。

増井　だから、僕はさっきも言ったように、文章の終わり方は「でなかろうか」とか「と思われる」とか、そういうふうな表現、強いて言えばできるだけ他人の意見が入りやすいような、出やすいような、妥協を促す表現を意図的に考えています。ただ、読むほうとしては、簡潔に「こうだ」「ああだ」と言ったほうがわかりやすいし恰好いいかもしれないですよね。

池見　うん。でも、日本人は「こうじゃなかろうか」のほうが、真実味があると思っているような気がする……。

増井　ああ、そうかもわからないね。僕は、神田橋先生に言われたんです。「あなたは自己完結はしないような文章をいつも書いているから、見てくれは恰好が悪いけれども、それは、ほとんど臨床家の書く文章としては、姿勢としては、僕は正しいと思う」というふうにサポートを受けたことがあるんです。

と言うのは、治療的面接という立場では、自己完結性からはあまり何も生まれてこないからです。自己完結したら、「やった」という達成感はあったとしても、ほかの人の意見が入り込む余地がなくなって対話性を失うんです。それでは患者さんと共有できるようなものが出てきにくいね。ほかの知恵が、どうも生まれにくいね。

池見　僕は自己完結というふうにはあんまり考えたことはないんですが、最近、ちょっと面白い「理論セミナー」をやっているんです。理論と言うと、哲学とかのテキストを読むと思うじゃないですか。ところが、僕の理論セミナーではテキストは読まない。「面接がテキストだ」と言いきって、その場で面接をして、その面接からどんな理論的なことが言えるだろうか、ということを話し合うのです。

増井　なるほど。何もなく思いつくまま話すことをテキストにしても面白いでしょうね。

池見　フォーカシングのセッションとかをテキストにして、そこから細かく観察したり、考察したりしています。テキストを使わないので、何が飛び出てくるかわからないし、まったく僕としては完結していない、その場の流れに乗るんです。

増井　そうそう。それを少し臨床的な話にすると、抑うつ症の人は、問題解決モデルとしては完全に自己完結モデルです。何でもかんでも自分で決めてやっていく。「そのときになって聞けばいい」とか、「わからないときはわからないときに聞けばいい」とか、関係解決型モデルに移行するためにずいぶん時間がかかるんです。

　そしてそれは、その人のある種の仕事のやり方とか、生き方にも関係してくると。「一切誰にも相談しないで自分で決めていくことは、良いことである」とか、ちょっとした思い違いの深まりが、その人をより抑うつ的にするということはよくあるね。だから、やっぱり人って、関係解決型にできているのではないだろうかというふうに思うときがあります。

池見　関係解決型？

増井　関係解決型。関係の中に問題を投げ入れて、関係の中で出口を見つけていくというかな。自己完結型というのは、自分の思い込みの中でしか考えていかないので、よく行き詰まるしそれはもう明らかに違うわけです。

4　攻撃性の取り扱い

増井　攻撃性の取り扱いというのは、臨床的にはとても大切な問題になってくるよね。その前に、「聞かれても語るな」とか「外で会っても無関係でいろ」というのは、元をたどれば、治療者のニュートラリティを守るという、ある種の精神分析理論に則った主張ではあるんです。

池見　そうですね。

増井　精神分析の悪いところばかりほじくり出しているようだけど、そこでは治療者のニュートラリティと二者関係とが、どうしてもどこかでセットになっているよね。二者関係で攻撃性を扱ったときに怖いのは、その反動でリストカットみたいな自己処罰が起こったり、罪悪感が起こったりすること。二者関係はデリケートで、精神的エネルギーと時間的な負担のわりには治療的達成が少ない気がします。

　だから、僕は攻撃性をどう取り扱うかというと、仮に自分がその患者さんだったとしたら、いったい自分はどんな構造で悩んで、今どのくらいのところにいるか、少し説明をしてもらいたいようなときに一般論として説明します。患者さんにとっては簡単なレクチャーだね。一般的な構造として、人は気持ちのやり場がなくなったときに、*精神分析で言うアグレッション（aggression: 攻撃性）をサプレッション（suppression）する、つまり抑制する。それから、デグレッション（degression: 下降）を起こして、冷静な判断ができなくなり、それで、デプレッション（depression: うつ状態）を起こしている。この構造は説明の仕方として正しいけれども、それを実際に二者関係で行った場合は、いろんな問題が起きます。**

だから、もっとわかりやすく言うと、二者関係の間に一般論を入れ、三者関係にします。例えば、「人が心の行き場を失うような事態が長く続くと、合理的な判断ができなくなって、それを我慢していると憂うつな感じが続いて、そうするとまた合理的な判断がますますできなくなって、結局落ち込んだり、体の症状が出たりして余計イライラしてくるという、負のスパイラルにどんどん巻き込まれていきます」といったような説明を一般論としてする。「あなたはそうではないかもわからないけれども」ということで、ときどき話してあげたら、患者さんは「ああ、なるほどな」というような顔をして聞いているときがあります。これが、攻撃性の説明、僕なりの取り扱いですね。

それで、気持ちのやり場のなさとか、その人その人に応じた攻撃性のありようをちょっと想定して、その人の状況に合う言葉を考えて扱う場合がわりと多いよね。そうすると、心当たりのある患者さんは「その話は、一般論というより僕のことに当たっている」とか、「当たっていない」とか言うけれども、それはさっき言ったように、患者さんが言語化しやすいように工夫している。「そうかね。どう当たっているのかね」というふうな形で攻撃性を扱う場合が比較的多いね。攻撃的な気持ちに対しては、「だからこうよ」というふうに説明して、生々しい攻撃性やイライラという生きた情動をちょっとの間、三者関係の中でフローズンする***というかな。そういう攻撃性の扱いをするときが多々あります。このことに

*この点について詳しくは、文献⑪および文献㉟の一七～四〇頁を参照。

**文献⑪および文献㉟を参照。

***「フローズンする」は「凍結する」と理解できる。

ついて、先生はどう思うかな?

池見　まず、僕は現象学的な見方をするから、人がわりと頻繁に攻撃的になるというのはわかるんだけれども、果たしてそれを「攻撃性」というところに結び付けるかと言うと……。僕は、あんまり「性」が好きではないんですね。何かそういう得体の知れない「性」が、本質的に人にあるかのような印象を与えてしまうから。だから、僕だったら「攻撃性の取り扱い」というよりも、「攻撃的な場面でどうするか」とか「攻撃的になっているクライエントをどう扱うか」とか、そう言ったほうが具体的な気がするんですね。

増井　それが僕の場合、人間に多少なり常に備わっているという意味で、「攻撃性」という言葉をあえて使うんです。「あなたの場合と限らないけれども、一般的には多くの場合、攻撃性をずっと我慢してたらだんだん合理的な判断ができなくなっていくよ」というように。これはけっこう普遍的な現象として、人は攻撃性をもたざるを得ないという意味で、僕は使ったんです。

池見　うんうん。そこで、やっぱり僕なんかは、あんまりそういう普遍的な攻撃性といったものがあるとは思えないところがあって。

増井　だから、先生の言う「攻撃的な」という部分は、セッションではいくらでも扱うんですね。

池見　うん、そうです。先生みたいに。

増井　セッションで、ここらあたりで仮に自分が患者さんなら「ちょっと説明を入れたらいいな」と思うときや、そんな空間がふっと出てきたときに、ちょっとした説明を入れる。これはかなり患者さんの気持ちの沈静化には役立つような気がしています。

池見　そうですよね。一般論として語られたときに、自分が感じている怒りなら怒りに、ある意味で直接触れることなく取り扱うと。
増井　それが大事なんです。他人事としてね。
池見　そうですよね。他人事として。それである意味、他人を参考にして考えることができる。自分には直接触れないというところは、さっきの語らないのと同じで、言葉にしないのと同じで……。
増井　まさしく、それを狙っているんです。攻撃的な場合はいくらでも攻撃的になって、それはいくらでも聞くことができるけれども、それとは別に、あたかも他人事のようにして聞けるということが、意外と重要というか。だからタームとして、これは体験過程療法の概念の使い方ということになってくるのではないかと僕は思うんですけど。

5　精神分析タームの取り入れ方

増井　その分析タームが、そのときの患者さんの体験過程にフィットする、ないしは適切に作用をするような概念の使い方をすれば、分析概念でも、ユングの概念でも、僕はそれはＯＫだと思います。使ったらだめということではなしに、使い方だと思うんです。相手の受け取り方と体験の仕方に応じて、その概念に適切性があるかどうかが決まってくると思うんです。
池見　そうですね。さっきチラッとおっしゃってた「気持ちのやり場のなさ」、これがパターンとして、一般論としてすごく多い。
増井　だから、「怒り」ということではなく、「気持ちのやり場のなさ」というふうに言ったほうがわかりやすい。「どうにも気持ちのやり場がない事態が続くと、やっぱり人間は、どこか合理的に判断できなくなるんよ」と。「イライラした状態で、落ち着いて物事は考えられない。これは当たり前だ」と。それは、ある種のサポートにもなると思います。

池見 それは「やり場のなさ」というふうにも言えるし、もうちょっと僕は実存的な観点で、「生きようとして生きられない」というか。幸せに生きようとしているんだけれども、それを生きることができない。だからそれこそ、「行き場のない」という感じがあるんですね。

増井 そうそう。「やり場がない」とか、「行き場がない」とかね。そういう表現が、わりとユースフルかなと思うときがあります。だから、そういう概念を使ってはいけないとか、そこまでは僕は精神分析のことを思っていないんです。良いところと、便利なところをどんどん取り入れていったほうがいいと思うんです。

池見 はい、そうですよね。

増井 例えば、食思不振の女の子がガリガリにやせていたら、「これは教科書にのっている一般的な話なんだけれども、小さい時分からお母さんのようになりたくないとか、お母さんに対する愛憎が深い場合は、お母さんというのは女性の代表だから、体に凹凸をつけたくないというふうに思って、無意識的に食べることをやめることもあるんですが、あなたはどう思いますか?」というように、患者さんに聞いたりするんです。すると、時としてそれがきっかけで、親子関係の問題がいろいろ出ることも多いね。

池見 そうですね。だから、すべて使える概念です。問題は使い方なんですね。

増井 そうなんです。他人事のように、対話の脈絡に沿って、わかりやすく、かつタイミングよく使えば、患者さんのほうで勝手に取り入れるのではないかなと。

池見 そうそう。ただそこで、「あなたはこうなっていますよ」と言うと、ちょっと押しつけがましくなるので……。

増井　ああ、それはもういけない。それは二者関係の扱いに近くなって、臨床的な場ではもう大間違いだと僕は思います。否定的な感情の表出が治療的とは限らないのです。かえって患者さんの心の混乱を増加させかねない場合も多いのです。

池見　一般論としてね。それを、その人が取り入れようとするかどうかは、そのクライエントの勝手ですよね。

増井　そうそう、それは勝手です。ただ、たいてい興味深くは聞いているね。患者さんとしては「私にそういうところがあるのかな」という聞き方も、やっぱりあるし。だからときどき、そういう意味モデルとか、因果モデルの説明を一般論としてすることは、僕は意味があるような気がするね。これはもう、他人事として聞いて、取り入れられるものがあれば取り入れるとかね。

池見　一般論が複数あってもいいですしね。それから、その人が取り入れているものは、その人独自のバージョンだというふうに考えたいですね。つまり、「一般論Ａの実例だ」というふうにではなくて……。

増井　ああ、それは違う。

池見　一般論Ａを、その人なりにバージョンアップしているとか、その人なりにバージョンを変えているとか。

増井　Ａという説明が患者さんにとってＡのスリーダッシュとか、Ａがスモールａになって、αがついたりね。それぞれが特別バージョンで、同じような取り入れ方は二度とできないんです。だから、一般論をきっかけにして、特別バージョンに入る入り口にはなり得るよね。

池見　そうそう。そういうのはいろいろ見かけるし、僕も実は日心臨*で発表をしたことがあ

*日本心理臨床学会のこと。

るけれども、本当にエディプス的な葛藤が出てきたケースをフォーカシングで体験しました。だけどそれは、エディプス・ダッシュなんですよ。

増井 そうそう。

池見 エディプス・ダッシュの「ダッシュっぽいところ」が、その人らしいところ。逆にするといやらしいというか、概念に人を当てはめていっているみたいな感じになります。反対に、当てはまらないところが面白いんです。

増井 そこがその人特有のバージョンだし。それで、一つ大事なことを言い忘れたのですが、攻撃性をもつのは身を守るためには当たり前のことというか、すべては当然の成り行きだということとの説明も付加しておかないと。

池見 ああ、そうですね。

増井 人って元来、嫌なものに対しては反発するけれど、もう反発することができなくなったときに、やっぱり苦しみを感じるというのは、概念的な構造の説明だけではなしに、必然的な流れです。誰だってそうなるし、僕だってそうなる。そういうことも付加して伝えています。

池見 今話しているのって、抑うつとか、神経症圏の怒りっぽいなという感じがあって。実際、例えば双極性とか、マニーみたいな状態だと……。

増井 なるほど。双極性の場合の怒りは、怒り発作に近いよね。

池見 うんうん。

増井 発作に近いような怒りだから、そのときにその怒りに見入られるというか、のみ込まれるというか、怒りと一体化して、一定の時間が経てば治るんです。そしてそれは、小発作と大発作がありますよね。

例えば僕は、患者さんが相当な怒りの中にいるときにタオルで首を絞められたことがあります。でも僕がそのときに、「苦しいから、あんた、やめてくれん?」と言ったら、気がついたようにフッとやめる。だから、そういうときは、もうその場の状況に応じて流されていくか、適当に対抗していくかしか、ほかに方法はないと思います。

池見　そうかもしれませんね。

増井　それよりか、「あんたは、今、怒ったけれども、怒らないほうが、やっぱり気持ちが静かでいいでしょう」ということで、気長にそれに取り組んでいくなり、その中間項目として、趣味の話だったり良い関係をつくる話をしたりすると、患者さんの怒り発作が少しずつ治まってくるんです。これは、もう地味な面接だけれども、非常にオーソドックスなやり方ですね。その代わり、やっぱり時間がかかる。

池見　そうですね。

増井　双極性の場合は、もちろんお薬の問題もあるけどね。それと、時間がかかるという意味では、加齢によってバイタリティが落ちるから、それだけアップダウンも少なくなっていくよね。若い時分の双極はバイタリティがものすごく強いから、アップダウンも激しいけれども、五年もその症状に苦しみ続けていたら、「自分自身も双極に対する付き合い方がちょっとわかってきた」とか言う人も多いものね。また、そのアップダウンとの付き合い方を一緒に話し合うとかね。

池見　ああ、僕は、マインドフルネスをやってみたこともあって。

増井　何に対してですか。

池見　たぶん、ちょっとマニーっぽい患者さんだったんですよね。その怒りに対する、アンガー・マネジメントですね。とにかく瞑想するんです。呼吸瞑想をして、頭の中を静かにして、スイッチが入りにくくする。スイッチが入ってきているなと思ったら、それに気づくだけでいいんです。「ああ、何か怒りがやってきているな」と気づく。しばらくうまくやっていたんですが、いつの間にかその患者さんは来なくなったから、どうなったのかわかりません。それは、辛気臭いと思われたのかも……。

増井　自由に怒りたいのに、先生のところに行くと瞑想とかいろいろするから、もうあそこへ行かないで怒りたいときに怒るというふうになったのかもしれない。もしそうだったとしたら、非常に健康です。

池見　良くなっているかもしれない！

増井　良くなっているかも（笑）。

池見　お釈迦様の経典*では、「気持ちについては中と外から見なさい」と。それから、「その気持ちが生起する過程、消滅する過程をよく観察しなさい」と。「何かを思ったときにどんな気持ちが出てきたのか、そして、何を思ったときに消滅したのか、その過程をよく見なさい」というのがあるんですよね。

増井　それは、体験過程療法の原型ですよね。

池見　お釈迦様の経典なんですよ。

増井　ああ、そうですか。それは、物事の起こる順番もきちんと自分で理解して、起承転結も理解するということですね。

池見　そうかもしれませんね。だから、ここにある、感知する一瞬前に感知されるほかの気持ちを、お釈迦様の時代は瞑想でずっと観察していたんでしょうね。「こんなことがフッと頭に浮かんだな」と。それから、「こんなことがあって、こんな気持ちがあって、それから怒りに変わったな」とか、それをじっと見ていて。

* Anapanasati Sutta（入出息念経）。次の文献がその解説に詳しい。Nhat Hanh, Tich (2012): *Breath! You are Alive: Sutra on the Full Awakening of Breathing.* London, Ebury Publishing, The Random House Group.

増井　それは、僕は、ちょっと方法化できる、一般化できるもののような気がします。それにはやっぱりお釈迦様の、内から、外から、下から、三面にわたってきちんと内省をしていくということについて、三次元のグラフで書いていけば、ある種の法則性みたいなものが出てくるかもね。

池見　そうかもしれませんね。

増井　しかしそれは、もう至難の業かもしれない。だって、思いを起こすところから、思いを馳せるわけですから。

池見　想起する過程も見ておこうということでね。そんなことができたらいいんだけれども、なかなかね。

増井　うん、僕にはその種の悟りはできないね。やったあとで謝ったり、何かその人の気持ちを修復したりすることぐらいならできる。けれども、やる前に察知するというようなことは、ちょっと。

池見　ひょっとしたら自分の中ではできるかもしれないけれども、人に教えるとなったら、とんでもなくできないところだなと思うし。

増井　うん。教えようとするほど本質から離れていくようなところは、心理臨床のスーパーバイズに近いね。もう自分で気づいていくしか方法はないのではないかな。

池見　まあここまでできた人は、躁うつにはならないだろうなと思うし……。

増井　そうそう。その線引きも、実際にやってみないとわからないだろうけれども、意外とそう見えていてもスムーズにやれる人から、そうではない人までいろいろ出てくるもんね。ちょっとわからないね。

VII 説明すること

1 一般論としての説明

増井　次に、「説明する」というところです。最初に大事なことは、「どこでどう説明すればこの患者さんは納得して満足するのか」という判断です。それは僕の場合、治療過程が急に進んでいる最中に少し頭を冷やすためとか、一応ひと段落したようなときとか、相手が聞きたがっている、あるいは「話をしたほうがよい」という雰囲気を患者さんがもってくるのを感じる、と言えばかなりフィットします。なんの前ぶれもなく突然説明などはしません。これをまず先に述べておかないとポイントを外すことになると思うのです。

　それでよく思うのは、知的にでも、わからないよりもわかっているほうがいいということ。いちばん簡単に手をつけられるところからアプローチするんです。例えば抑うつ症の人は、「生真面目にやりすぎると、行き詰まってしまうのは一般的なのよ」というふうに、知識としてわかっているほうがいいと思います。意外と、患者さんは知的にわかっていない場合も多いんです。

　だからそういう意味では、説明してあげるということは、僕の方法ではわりと大事な要素として取り上げているんです。面接の七回目から一〇回目ぐらいの間に、今までのサマリーのようなのを五分か一〇分入れることもあります。例えば「××の話から始まって〇〇のようなことになって、今は△△のようなことが問題になっていますね」という具合にです。少し意識化することです。そのポイントなりタイミングなりは、僕の中のバランス感覚で判断しています。「この話はバラバラすぎるので、まとめたほうが自分自身収まりがいい」という感覚のときもあります。

池見　そうですね。そう言えば、池見酉次郎先生*は、心身症の症状を説明する冊子を作っておられました。それを病院の売店で販売して、患者さんに「読んでください」って勧めていました。

増井　（笑）本にしてしまうとそれはだめなんです。患者さんが「説明」を求めているような感じをその場で受け取ったうえで説明すると、説明したことは患者さんの中で生きてくるんですね。一〇〇冊の本を売るより、必要なときに一〇〇回話をすることに意味があるんです。池見先生くらいになると別かもしれませんが、僕も本や小冊子にするとあまり読まないですよ。それは、やっぱり当事者性がないからではないかなと思うね。便利ではあるけれども、ちょっと手抜きっぽいね。その人、その時に応じた説明ってあるんですよね。

池見　うんうん。というか、ちょっと知的なレベルですね。

増井　それは「やり場がない気持ちが続くと、一般的にどうなるか」とか、さっき言ったことの繰り返しよね。そういった説明は、その人の症状に即応しているわけです。イライラしているという場合は、「やり場のない気持ちが続くと、イライラして不安定になってくるのは当たり前」とかね。非常に不安定になるときは、やり場のない気持ちが根本にあるということや、やり場のない気持ちについていろいろ感じてもらいます。こんなふうにイラ

*九州大学で心療内科を日本で初めて開設した医学者（一九一五～一九九九）。

イラ、あんなふうにイライラ、などです。けれどイライラした気持ちに自分で気がつくのは、とても難しいみたいです。ですから「一般的にみんなそのようになるみたいです」とか、丁寧に説明してあげたら関係は落ち着きます。それから、「焦りの対処」ができたらずいぶん治療ははかどるんです。患者さんの仕事のやり方というのは、これをして、あれをしてというふうに、同時に横系列でやるんです。でも身は一つしかないから、そういうことを続けると目が回るというか、気持ちが振り回されるように気分が悪くなります。

そこで、その課題や、やることを一つ一つ横系列に書かせたものを、プライオリティをつけて縦系列に書いてもらうというのは何回もします。これが最もオーソドックスなやり方だと思います。* それで、球をポンと打ってポンと当てるように、一つのことに対して一つ手ほどきをする。機関銃は絶対に使わずに、ピストルでね。横に並んでいた大勢の敵（問題）を縦に並べ直して、順番どおり一つ一つ片づけていく。これはある程度練習したらできますし、これでだいぶ楽になることもあります。

それと、もう一つ大事なことは本人が抱えこんでいる問題の「先送り」です。これは、「もうこの症状は終わってから考える」ということで、ずーっと先送りにするんです。やる前に考えずに、できるようになってから考えるというように、成り行きで考えられるようにするんです。最初は自分への言い聞かせのようですが、少しずつそれになじめるように、ゆっくりとやるんです。

池見　先送りするんですね。

増井　うん。そのときに、患者さんが「それは中途半端でいいかげんではないか」と言う場合は、「あなたは、もっと真面目に考えて」と。「あなたは、人が困っているときに自分が元気だったら助けようって思うでしょう。そんなふうに、今は先送りしたって、自分の代

＊このあたりは、文献㉘を参照。

わりにその人を助けてくれる誰かに感謝をするような気持ちで、もっと真面目に考えてください。そのお礼はあなたが元気になれば考えればいい」というふうに、はっきりと丁寧に言うと、わりと伝わるんです。抑うつの人には、「いいかげん」より「もっと真面目に」とか、自分や他人の良心に訴えかける**ほうがよほど理解しやすい。天性の資質としてそれをもっているからです。

池見　うんうん、なるほどね。

増井　「深く、真面目に、合理的に」「何がいちばん賢明なのかということを、もっとちゃんと考えてください」というふうな言い方が、抑うつ症には非常にわかりやすいようですね。例えば外来受診のときでも、患者さんは「精神科は恰好悪い」とか「自分の経歴に傷がつく」とか言ったりするし、そのうえ、病休をとりたがらないよね。

　そういうときも、「一時《いっとき》の自分の建前をとって、恥をかいて耐え忍ぶのが真面目なのか。もっと先を考えて、今は休んで、あとからリカバーするのが賢明なのか。このまま放っていたら、あなたはかなり潰れていくということは、自分もわかるでしょう」と。そう言うと、たいてい「わかる」と言うんです。そういう抑うつ症の人には、「自分が納得するまで、どれが賢明なのかよく考えてきてください」とか、「もっと自分の大きな良心に相談してみてください」というような言い方が大事なような気がします。

　場合によっては、ある抑うつ症の方は人の評価を気にしたり、自分なりのわがままなやり方で仕事をやったりして、揚げ句の果てには「もう休んでくれたほうが、職場のモラルは上がるのに」とさえ上司は言うけれど、それでも頑張って会社に出てくるでしょう? それは真面目ではないよね。そういう人なんかは、「物事をもっと真面目に考えてくれ」というふうに言ったほうがいい場合が多いし、僕もたいていそんなふうにして外来の受診と

**このあたりは、文献㉘と㉜を参照。

か、入院とか、休養とかを勧めているけれども、それはおおむねうまくいくね。細かくそれを示すと「上手な精神科受診の勧め方」とか「入院の勧め方」とか、小さな本になるほど細かく示せますけど。

池見　今聞いていて気がついたことは、増井先生も僕も人格論をもってこないんですよね。だから、症状にどう対応するかという、症状学みたいなものですよね。わりと多くの日本の心理臨床は実は、パーソナリティ論になっています。そして、スプリットだの、ナルシシズムだの、症状の陰に潜んでいると仮定されるパーソナリティ概念のほうに目が向いてしまう。

増井　臨床的ということは、細かい雑多な事実の積み重ねです。だから実践的な文章や理論はＯＫですが、それらを統合しても人格論までには至りません。人格論がないというのは、そのような雑多な事実が積み重なって、人格論のようなものがうっすら、読み手にできるかもしれないとは思いますが。僕は実証性が難しい人格像は、強いて言うなら、もたない努力はしています。

2　人格論のもつ弊害

増井　人格論のもつ最大の難点は、人格論をもち出すと、遠回しに結局「その人やその人の人格構造が悪い」というようになることです。ほかにいろいろ問題もありますが、それは、いちばんしてはいけないことですね。

池見　そうなんですよね。だけど多くの場合、「説明」という言葉で意味されていることは、例えば医学だったら「あなたの病気の本体はこんなものです」という、症状の陰に潜む「本質」「病気の正体」の説明ですよね。病気の説明のパンフレットみたいなものや、製薬会社が作ったものもあるでしょう。「病気の正体はこうですよ」とかね。そして、そういうふうな説明を求める人が多いんですよ。「どういう性格の人がこの病気になるんですか?」とかね。

増井　非常によくわかります。僕は、先生と話しているうちに自分がしていることの特徴の一つがわかったんです。僕の臨床では、人格論は元来アプリオリ（先験的）にはないんです。いろいろと細かい臨床的治療的事実や方法論の積み重ねでしかないのです。だから実践論であっても人格論ではないんです。

池見　僕もそうなんです。パーソナリティはアプリオリではなく、アポステリオーリ（帰納的）なんです。

増井　仮にもち出すとしたら、一般論として、その人が参考になるような理論、ないしは理屈、ないしは「通常こういうふうに言われている」というようなことはもち出すけれども、「あなたは×××です」という人格論は使った覚えはないですね。

池見　僕のワークショップとかで気楽にフォーカサー（話し手）になれるのは、「人格論をもち出さないということを知っているからだ」と誰かに言われたことがあって。「あなたみたいな性格の人はこうですよ、みたいなことを絶対に言わないでしょう。だから、楽なんです」と言われて……。でも、大方、説明と言うと、人格論的なことを想像する人が多いんですよ。

増井　ああ。けれども、人格論をもち出さないのにはわけがあるんです。まずは、部分的な問題を一つ一つ拾っていくほうが臨床的にはやりやすいということが一つあります。人格論をもち出すと、場合によれば抽象的根拠でまとめてしまって、具体的な細かい実践は忘れやすく、気が届かなくなりかねません。そして臨床的実践も、その人格論に束縛ないし抽象化されてしまい、きわめて具体的な「今ここ」の対応に邪魔になることが多いのではないかと思います。

池見　そうですね。

増井　それと、一つ一つもち出していくうちに出来上がってくる人格像というのは、向こう側とこっち側で、それぞれ思っている人格像が違っていてもいいんです。だけど、「あなたは××だから、こういう行動で」というような単純な判断はタブーなんです。

　もしそういう言動に出るとするならば、それまでにものすごく多くの細かい事実の積み重ねが必要です。私の場合、その事実の積み重ねだけで、その人格像は患者さんが勝手につくっていくのです。そしてそれにもまして感想を求められたら、参考になればという前置きで「このような仕組みになっていればいいね」という言い方をすると思います。

池見　うん、そうです。

増井　そういうふうにやっているうちに、元気になってきてくれれば、ちょっとでもやる気になればそれでいいわけです。もうそれ以上の、その人の人格は、強いて言うと関係ないんです。

池見　まったく関係ない。やっぱり症状に対して、「どんなふうに考えたらいいか」というようなことを、一般論的に説明することはあるけれども。

増井　そうそう。

池見　例えばエゴグラムを一つとって、「あなたはACが高い。そしてFCが低いから、もっと自由な行動をしなさい」「そうしたら、きっと良くなりますよ」みたいに、いったん人格論に変換しているセラピストがいるじゃないですか。あれって、ちょっと曲者《くせもの》だと僕は思

うんですよ。

増井　いやあ、曲者というよりも、患者さんが人間としてまっとうに扱われていないのが可哀想だとも言えますし、そんなに単純に人の心は割り切れませんよね。

池見　そうでしょう?

増井　そういうふうなテストの使い方は、やっぱりダメだね。ＡＣが高いというのは単なる説明で、その結果として「それをどう生きる知恵に変えていくか」という作業が治療的面接です。

池見　そうだと思いますね。

増井　人格論の基本的な問題は「サポーティブではない」ということです。「こういう弱みがあるから、こういう点について気をつけたほうがいいね」というアドバイスならまだわかります。けれども、「あなたはこういうパーソナリティで、こうだからこう」というふうな決めつけ方は、占い師と基本的に変わりません。「具体的な扱い方」という臨床の水準まで噛み砕いて作業ができないと、患者さんが食べられる栄養源にはなりません。

池見　そうですね。

増井　僕たちの勉強の仕方にも問題があると思います。実践ないし臨床的に細かい部分を、大事に、大事に検討するような臨床教育がないでしょう。パーソナリティ論とか、理論とか、そういうものを重視する。それは、ないよりはあったほうが全体的に見通せるからいいけれども、それ以外の細かいものは見えなくなってしまう。

だから人格論の使い方が問題なんです。患者さんが生きるうえでのサポートとして、それが適応されるかどうかという。だから一人で考えた人格論より、ケースカンファレンスでこんな意見も出た、あんな意見もあったという事実を患者さんと話すほうが、よほど治療的意義がありますよね。

池見　そうですね。だけど、実態として多くの大学院生や若い臨床家は、そんなことをやってしまいます。エゴグラムを出してきて、「この人は、Ａが低いね」とか言って。

増井　そうそう。そのことでいちばん警戒しているのは、患者さんがそれによって「今のままではいけない」と、ある種の人格否定をされたように思う可能性を再生産することです。「いけないところ」探しをされて、しかもそれがだいたい当たっているから、余計タチが悪いよね。「悪いところ探し」「欠点探し」の面接は多いです。

　不登校児のお母さんから、「母性の欠損」というテーマで治療者にいじられた話を聞いていると、いたたまれなくなります。それらの母さんに「誰が不登校の子どもになると思って育てているのですか？　みんな良い子になるように育てているじゃありませんか？　お母さんもそうでしょう？」と伝えると多くの母親は涙を流します。

池見　逆に増井先生の面白いところは、そういう理論的なマップがない状態で航海に出ているんですよ。「どう行くか」というのがない状態のまま航海しているという……。

増井　そう。だけど、ときどきＧＰＳは確認しています。

池見　ＧＰＳとは？

増井　大まかな見立てと、今までの過程と、これから予測される患者さんの問題とか、治療過程のことです。大事なのは、人格論を論じるにしても、良いところと悪いところが必ずセットになるということです。

池見　うん、そうですね。

増井　それをトータルで考えて、場合によっては、悪いところをオミットして良いところを出す。例えば「気が小さい」という短所があれば、「非常に思いやりがあり、注意深く行動することができるので周囲からの信用も厚い」というふうにも言えるということです。このように、悪いところと良いところはだいたいセットになっているんです。そして、そのセットを丸ごと話してあげないと、臨床的に正確な、小さな人格論にさえならないんです。

池見　そうですね。

増井　そして、その人の良いところばっかりを取り出していったら、やっぱり良いところが伸びるよね。これは私がいちばん気をつけているところかな?「良いところ探し」と「悪いところの裏」には、健全な願いがあるってことですかね。これは、僕に言わせてもらえば面接の基本中の基本です。

池見　それは、ジェンドリンの夢の本*にも書いてありましたよ。その本の中でも、たしか「外向性が少ない人は、内向性に優れていると理解する」とか、その反対語がいくつも書いてあったんですよ。

増井　そのとおり。それは「内向能力」だと僕は考えます。外的に貧しい人は、内的にものすごく豊かだと思う。そのおかげで患者さんは救われているところがいろいろあるんです。例えば、「大きな失敗をせずに、気を配って生きることができている」とかね。ほかに大切な点は、「そのおかげで他人から安心と安全という信用を獲得している」とかです。患者さんはそれを言わないとわからない方が大半ですし、言われてずいぶん納得しますよね。

池見　それで、ユングの「シャドー」というのはそういう意味だと、ジェンドリンが書いているところがあります。

増井　なるほど。僕は日本臨床心理学会の常任理事をしているときに、河合先生からパーソナルに相談を受ける機会があったんです。もう亡くなられたけれども、そのときにそうい

＊文献②を参照。

う話を聞いた覚えがあります。豊かすぎる内的傾向を抑圧して影となり、その影を客観的に生きている人物に対しての、怒りや嫌気を中心にしたどうしようもない感情とかについてね。

でも、そのときはだいたい社会組織論みたいなことを教えてくれたね。「あなたは、社会や組織というものの構造が、いかにバカらしくて、信用できなくて、つまらないものかということを、よくわかっておかないといけない」というふうなことを、よく教えてくれました。「本当にバカだと思うと、見切りがついてかえって気楽にやれるんだ」と……。だから、最終的には「あなたは組織には向いていない」と（笑）。そんなことを言われてました。

ところで焦りからいろいろ話ができたけれども、焦りをなくすことはできないけど、焦りが少なくなっていくと症状の回復は早いね。だから、焦りを取り扱う。とくにお子さんの場合の焦りは、取り巻く人の焦りから扱っていくというところが、一つの大きなポイントになってくると思います。先ほども言ったように、僕はいつも小さなことを問題にしながら、ときどき「今はだいたいこういう位置にいるんだ」というふうな、ＧＰＳで言うならプロット、位置づけをする。

例えば引きこもりの場合、引きこもることに対して激しい自己嫌悪をもっていることが引きこもりを長期化させています。それが、カウンセリングを受けたり、あるきっかけを通して「引きこもりも悪くはないんじゃないか」というふうに思えてきます。そうやって引きこもりを比較的受け入れられるようになると、一人でいろいろなことを始める。つまり「豊かな引きこもり*」になって、それを続けていくと、コンビニぐらいには行けるようになります。それで何かの拍子に少しずつ外に出ていって、少し心の用意をして、人と話

＊前出文献㉜を参照。

をしたり、アルバイトを始めたり……。こういうプロットの中で、「だいたいあなたは今ここらへんにいて、ここからあそこらへんに出るのは、だいたい何か月ぐらいかかると思います」というふうな、そういう見取り図みたいなものを話したほうがいいなと思うときに話すんですね。

池見　ああ、面白いですね。

増井　そういうことは頻繁にはしないけれども、そのとき陪席していた人に感想を聞いたら、「あれは非常に良い」と言っていました。あと、患者さんは「自分の今の治療の位置づけ」というのがわからない人がほとんどなんですね。だから、「どうしていったら治るか」という大きなガイドみたいなものを、僕はわりあい提示するね。まあ多少想像だけど、「×××というところが少しましになって、△△のようになっていく」とかね。いわゆるプログノーゼを含めた現状の説明とでも言えますかね。

池見　何か最近、キャリア形成とか、ファイナンシャル・プランニングとか、そういう未来に向かった計画というかヴィジョンみたいなものがすごく大事ではないですか。

増井　大事だと思います。

池見　病気についても、過去のことばっかりに囚われすぎないで、「この先どうなるのか」というヴィジョンを描けたら、だいぶ違うだろうなということを思いましたね。

増井　それはある種のプログノーゼと同じように、これも一般論として言うんだけれども、「対人恐怖症の方の場合、普通はこういうふうになって、そのときに大事になるのはこういうことで」とか、物事をやりだす前に考えずに、やりながら考えるという。「歩きながら考える」心がけとか、欲を言えば「クセ」をつけるとか、ちょっとしたことだという。このちょっとしたことの重なりがクセになってくると、もうこの問題はだんだん薄れていくんだという、そういう説明の仕方よね。

池見　そうですね。

増井　僕は人に言われてわかったんだけれども、これは、ここで話している方法の一つの特徴だと思います。一つ一つを細かく取り扱っていくことは、人格論を形成するより臨床的には大切なことだと思います。

Ⅷ　過敏性という本質病

1　命のレベルの混乱が押し寄せてくるとき

増井　今までの話は、人と生命体のレベルがあれば、人のほうが「がちゃがちゃ」になって生命体のほうに歪《ひず》みがきたりするということを話してた気がするんだよね。だけど本当は、生命体のほうが発熱したり、ある種の異変があったときのほうが怖いんです。それは、「根こそぎ不安」とか、「自体感の喪失」とか、いわば「自分で自分がわからなくなり、別な自分になっていく」というふうな、ひどく根源的な不安です。だから、重篤な症例にそれが多いのは当然なんです。自分が根こそぎなくなってしまう不安って、それはすごいものだと思います。「あなたは何もなくなるものね。まるで大洪水のあとのようにね」と言うときに、気をつけるべき項目を挙げておかないと、臨床全体のアウトラインを話したとはちょっと言えないからね。

　それで、例えば「調子どう?」と聞かれたら、普通の人はわりと整理して「こう、こう、こうで……」と言いますが、その中には、体面とか、常識的な概念というのが入っていると思います。実際の調子にかかわらず、「まあまあです」と答えるとかね。だけど一部の人は、そのときに「本当に調子はどうか」ということを考えて、いろんな感覚が同時にパッパ、パッパと点《つ》いていく。それを傍から見たら、クイックな反応というよりも、漠然としていてぼうっとしているように見える。だけど、その人がそのとき何も考えていないかと言うと、そうではない。「たくさんのことを感じ考えるから、さっと答えられないのではないかな?」と聞いたら、「そうだ」と言うわけです。一つの刺激に対して、感覚が同時多発テロのようにパッパ、パッパと反応する。内的には超多忙なことが起こってるんです。

　これは要するに、形式ではなしに本音で、本当の心の部分でしか反応できないということです。とくに発達障害なんかではそういう反応が多いし、被害妄想の患者さんでも多いよね。*

池見　うんうん。

増井　答えられないんだよね。それは、難しいとか言うよりも、簡単に言ったら「混乱」です。こんな感覚、あんな感覚というように、感覚同士で相互に連鎖して、結局わけがわからなくなって言葉にならない。仮に言葉にすると「AZQR……QQR」とかのアトランダムな、自分にだけ意味のある無意味な感覚用語のようになると思います。そういう人は、その生命系の体温を低めるという、そういう治療的な構造とか対処が必要になってくると思うんです。

池見　それは、どうやって生命系の体温を低めるんですか……?

2　表面的適応の重要性

増井　私は主に治療場面の構造化という形で、冷やそうとします。一言で言えば、「共感の体

*この点については、文献⑧および文献⑨の一九四〜二五五頁に詳しい。

温をきわめて低くする」というような対処です。いずれにせよ、そのときの面接感覚を中井久夫先生は、「満杯になったいくつかのコップをのせたお盆をそろそろと運ぶような感じ」と述べているのですが、「私はあなたの味方である」ことを患者さんにわかってもらうためのとてもデリケートな配慮が必要です。軽い適応障害のレベルから言うと、そういう人は、普通の生活というか対人生活を避けるよね。

いちばん苦しいのは、「適応」という作業が非常に難しいということ。ちなみに、精神病患者を最も苦しめているのは「普通」という言葉と「社会復帰」という言葉だと思います。しかし、「普通」とは何かを考えると、大半は「建前」と「形式」と「秩序」です。また、「社会復帰」というのは自己復帰なのです。だから、その人からしたら、言葉を操ってうまく適応する人は、魔術を使っているように見えるかもわからないと思うのよね。

けれど、そういうレベルの人は、「適応は学習できる」という事実を知るととても気が楽になれます。「適応は難しくなく、学習できる」と。なぜかと言うと、「世の中というのは大半は上辺でできているから、九〇パーセントは上辺だけの対応を学びなさい」と、**僕はよく伝えます。彼らは多感な心（本音）が相手の言うことに応じて感じて、その多くの感じをまとめて伝えようとして、伝えられません。そのような人は、本音で対処していくのが適応と信じきっている部分が大半です。でも、実際の社会は違います。おばちゃんたちがお互いの子どもを褒め合っているのは上辺だけで、本音は「相手の子どもが事故にでも遭えば」と思っているかもしれないのです。

池見　はいはい。

増井　だから、「決して本音で対応せずに、体裁や形式を学んでやってみなさい」と言う。

池見　ああ、なるほど。

**この点については、文献㉝および文献㉞の三三九〜三四三頁を参照。

増井　いちばん簡単なのは、一日一回でもいいから、事務的にでも自分から人に「おはようございます」とか言うこと。これは、ニュアンスから言えば「他人に対して攻撃性をもつ」という支援も若干入っているんです。自分から言う、先に制するという意味で、わずかな攻撃性が入っている。人から先に言われるのではなく、一日一回、一人でもいいから、自分から挨拶をしなさいと。

　そうしたらある人が、自分から「おはようございます」と言ったら、相手が「お元気ですか」というふうに言ってきて驚いたと言うわけです。それは彼の想定外だったんです。軽いレベルの人なら、そういう上辺をつくっていけるようになれば、表情から変わっていくんですね。ちょっと明るくなったり、足取りが軽くなったりね。

　これは神田橋先生の「『自閉』の利用」の応用バージョンでもあります。だから、その人たちに説明をするときは、「世の中は形式でできているから、嘘は当たり前。言葉が悪いけれども、井戸端会議でおばちゃんたちが話しているのは、あれはもうたいてい嘘」と。無理をして嘘をつく必要はないけれども、本心を隠して、上辺だけを取り繕う練習をさせたら、ある程度の社会適応、例えばアルバイトをするぐらいまではいけるんです。

　でもその場合は、感じる主体の生命系というのは完全に隠す対象として、刺激を与えることなく何重にも衣を着せて、どこか心の奥のほうにでも置かないといけない。いわゆる体験過程を進まずに、表面だけに留まる練習をするわけです。というのは、彼らの体験は、進みすぎて苦しんでいるからです。そしてどうしても横に置けないときは、上から「嘘」というペンキを塗るようにするわけです。

　それと、話を本質的ではなく形式的なものにするために、週刊誌や新聞を読みなさいと。新聞を半ページ読んだら、「今年のプロ野球で中日が優勝したけれども、どう思う?」ぐらいは話ができるでしょうと。「そういうことを頭の中でやってみるのは最低限の適応力なんです。それはできますよね」と。これは、自閉療法の健康バージョンです。そういうことが必要で有効なときも多いですよ。親鸞聖人が言ったと思うんですが、「世間虚仮《せけんこけ》、唯仏《ゆいぶつ》是真《ぜしん》」という言葉があって、「虚仮」というのは嘘ばっかりつくことで、だから仏だけが真実という。だから、まあ格好良く言ってみれば、「虚仮」の行を勧めてみるというね。

3 ある事例について

池見 ある意味、自分の生命系というか、体とか感じていることとかに、囚われすぎている人たちがいて……。

増井 そうなんです。それが本当に、もう体質的に囚われている。

池見 そして囚われすぎるがゆえに、その社会性というところが落ちていくというかね。

増井 落ちていく、うん。だから、詩とか散文とかエッセイを書かせると、もう素晴らしいものを書く人もあります。ただ、例えばギターが素晴らしく上手な人でも、人前でとなると……。ちょっとした会話をするといったことで、生命系自体が刺激されてその反応にいとまがないほど疲れるんです。僕は思うんだけれども、新しい生命系をつくり出しているのではないかと思うんです。

池見 そうですね。すごく違う感じがしてくるんですよね。ある意味、普通の社会性というか。

増井 ああ、そうそう、普通のね。

池見 この間、博多でワークショップをしていて、休憩のときに「次のセッションは何をし

ようかね」とかいろいろ考えながら、外に散歩に出たんですよ。そうしたら、人違いだと思うんですけど、「ああ、こんにちは、今日は暑かね」と知らない人に声を掛けられて。それで、僕も「ああ、こんにちは。暑いですね」とか言っていたんだけれども、たったそれだけの会話で自分の気分が変わっていることに気づいたんですよ。

増井　わかる、わかる。

池見　自分の内の世界にずーっと入っているときに、ちょっと外で誰かと会話を交わすとか、何かをすると、そこからふっと出ていく、何か違うあり方ができるみたいな。

増井　僕の場合は、ジムでそういうことがありますね。黙々と、誰とも話をしないで泳いだあと、サウナに入ったときに「ご苦労さん」とひとこと言う人が、ときどきいるんです。そのときに、意識がふっと変わるんです。

池見　はい、はい。

増井　今まで黙々としてやってきたこととは別の世界で、その人に非常に親しみを覚えたりね。そういうことって、同じようなことだと思うけれども。そのことの積み重ねみたいなものが、言ってみれば、新しい心の生命系をつくることなのではないかなという気がするんですね。

池見　そうそう、この間、面白いことがあって。僕が乗っていた電車が人身事故を起こしたんですよ。それで、急に電車が止まって、車掌さんのアナウンスが流れるんですが、その声が悲愴なんですよね。「今から車掌が後ろまで通るので、通してください」みたいなことが流れて、車掌さんがもうすごい形相をして、後ろの車両に向かって歩いていって。乗客はみんな、その車掌さんの表情を見て何も言えずに、シーンとしているんですよね。

　そして、車掌さんがまたすごい形相で戻ってきたときに、大学生らしき男の子が「お疲れ！」と言ったんですよ。そうしたらそこで、電車の中の人たちが、思わずみんな拍手をしだしたんです。本当に必死の形相で事態に対応しようとしている車掌さんを見て、思わず誰かが「お疲れ！」と言って。その瞬間、みんなのムードがぱっと変わって、拍手をしだしたんですね。

増井　わかる、わかる。けれども面白いことに、形式的にでき上がった自分に慣れ親しんでいくほど、何が起こってくるかというと、例えば以前のように曲が書けなくなる。詞が前みたいに出なくなるという、ある意味ちょっとした犠牲みたいなものはときどきあるね。多感であるがゆえに書けたものが、社会性ができたらそのぶん鈍感になることで、やっぱり失うものもあると思うんです。

池見　そうですね。

増井　それで、ギターを一人で弾いたり、作曲したりするという楽しみから、また別の楽しみに移行する。そういうときが、何か知らないけれども、おかしいんです。ギターを一人で弾いていたのが、今はお金を集めるためにストリートで弾くんです。それで、「そのウケがよかったら嬉しい」と。もうそれは普通の青年ですよね。ただその代わり、作詞はデリケートでなくなったりするんです……そういうふうな、妙な関係がある場合があるね。

池見　なるほど……。

増井　だから、ちょっと考えを広げていけば、僕たちは普通に生きることで何かを失っている。そしてまた、普通に生きることで何かを得ている。そういうふうに考えると、「自損事故がないと小説が書けない」というある種の小説家の習慣は、ある程度わかるような気がするね。

池見　「どこに注意を向けるか」というのが、その人のある種の「人となり」というか、クセみたいな部分があって。外のいろんなものに注意が向いてしまうというのと、内側の、例えばからだの感じとか気分とかに注意が向いてしまうというのと……。その度合いとかが、ある意味「その人らしさ」みたいなものをつくっていると言えるかもしれないですよね。

増井　けれども、社会的通念としての伸びしろを考えた場合に、例えば発達障害の知覚過敏ということで、もうその方に関係する治療者のほうはどうしようもなくなって、こっち側に紹介してくるんです。そして、こちらで形式の練習をしたりして少し元気になっていって、いわゆる治療というものは成功したかもわからない。

　けれどもそのとき、何か失ったものもあるということについて、やっぱりちょっと思うところがあったね。その子はべつに悩んでもいないんだけれど、「文章が湧きにくくなった」と。「書きづらくなって、前ほどはすらすらと出てこなくなった」とか言っていました。ただ、そのときの笑いは表面的ではなかったね。要するに、彼らは社会的な上辺をつくる自信が出てくるにつれ表情は明るくなり、ついにはジョークさえ出るときもあるということです。

池見　そうですね。誰しもそうして、ある部分を失っていきながら、ある部分が育っていくというか……。自分というものはずっと一緒ではないので、常に何か変わっていっている。ある感性を失ったり、ある感性を得たり。

増井　けれども僕は、そのとき正直に思ったのは、「これでよかったのかな」って。

池見　そうですね。うんうん。

増井　本人が「それでよかった」と思ってくれているのが救いですよね。そういう一長一短というか、何かを得たら何かを捨てなければいけないという、宿命的なものはあるよね。

得ることと捨てることとは等価になっているというのを、つくづく思います。

池見　そうですね。

増井　今の場合は、体裁を整えて、その体裁で生きることで今までの自分を乗り切れるというふうな事例だったけれども、次はその「体裁を整える」ということが通じないような人の話をしたいと思います。とくに、そういう話さえもできないような多感な人。要は、僕との「関係の中」で、黙って放っておいて、何もしないほうがいちばんいい事例もあるというか、そういうふうな人も中にはいると。

それで、そういうことに触れる前に、さきほどの社会事例とか挨拶とかを覚えるという、世の中は嘘でできているというような、そんなデタラメなことを患者さんに言っていいのかという反論ももちろんあるよね。だけど上辺の形をつくる練習を通して、怖かった「適応」という作業が、週刊誌にのっているような話題などを身につけていくことで学習可能かもしれないと知ったときの患者さんの表情は大半明るいね。

IX 面接における意味と無意味の反比例

1 正しすぎる間違いについて

増井 一つ押さえておきたいのは、我々の仕事の中で「正しすぎる間違い」というものがあると思うんです。例えばお嬢ちゃんがときどき家出をするケースで、*「どこへ行ってたの?」と聞いたら、「忘れた」と言う。お父さんが言うことには、忘れたら大事《おおごと》だということで脳波を検査したけど何の異常もなかった。それで家族そろって僕のところに来たということなんだけれども、座る位置がおかしいんです。お父さんは僕の真っ正面に座って、お嬢ちゃんは斜め向かいぐらいに座り、お母さんは、お父さんの後ろに隠れるような、出口にいちばん近いようなところに座って。お父さんの雰囲気から言うと、スーツをきちっと着て、完全に隙のないジェントルマンなんです。それこそ、本当に俳優にしてもおかしくないような。

それで話を聞いていくと、「行く先を忘れたということは何か脳に障害があるに違いないと思って、脳波を検査したが何も問題はなかった」「それで脳波の先生は、おそらく心の問題だろうと思ってこちらに回したらしいんだけれども」と、てきぱきと説明しました。

*このあたりについては、文献㉑および文献㊲の二四二～二六〇頁に細かく示している。

しかしその次がおかしいんです。そのお父さんは、「先生、この子が家出をするということは、家がつまらないと思うんです。家を面白くするためにはどんな努力でもしますから、どういう努力がいいか教えてください」というふうに言いました。

池見　ああ。

増井　それを聞いて僕は何を感じたかというと、そのお父さんの中に大きな岩がドンとあって、もうこれはどうしようもない、というイメージです。その岩はもう自分の力で押すよりも、避けて通ったほうがよっぽどいいというふうなイメージが出てきたんです。

それで僕は、お父さんに対して「お父さんの言うことはよくわかります。けれども、世の中に正しすぎる間違いがあるということは、ちょっとどう考えますか」ということをふと漏らしたんです。そうしたら、そのときにお嬢ちゃんが「くすっ」と笑ったんです。そのせいかどうか知らないけれども、その後、お父さんは真っ赤な顔になって怒り出したんです。「先生、正しいことは正しいことで、間違っていることは間違っていることなんだから、正しすぎる間違いということはあり得るんですか」というふうに。僕も頭を冷やして考えてみたら、お父さんはそういう人生で生きてきたから、正しすぎる間違いなんか認めたら自分の人生観がひっくり返って大変なんですよね。

池見　それはできないだろうね。

増井　お父さん自身の存在意義がなくなってしまうと。だから、「いやいや、お父さんもそんなにきちっとしすぎたら、家の中がちょっと酸素不足になって言いたいことも言えなくなるから、それをこう言っただけのことで」となだめて、まずお父さんに部屋を出てもらいました。そして、お母さんとお嬢ちゃんも「ちょっと外に出て話をしたい」と言って出て行って、その後お母さんだけが戻ってきました。それで、お嬢ちゃんの言うことには、「あんな洒落たことを言う先生に初めて会った」と。

　その後は一人で面接に来るようになって、たしか六〜一〇回以内で終わったのかな。その中で四つのことを話し合ってみたんです。その一は、お父さんを避けること。絶対変えようとしないこと。その二は、お父さんはお父さんなりに正しいと思ってやっているので、それに腹を立てるのはバカらしいし、その子はわりと学力優秀だったから、大学へ進んで自立するためにエネルギーを使うこと。その三は、もし大学に入ったら必ず家を出ること。その四は、自立できるように、しっかり努力すること。そういう話し合いをしているとき、お嬢ちゃんとひどく意気投合したんですよ。そして三か月ぐらいしたら、「わりと有名な大学に入った」と挨拶に来てくれて、喫茶店でコーヒーまでおごってくれました。ニコニコしてね。

池見　ふーん。

増井　そのときもだし、ずいぶん前から思っていたのは、僕たちの世界では論理的に正しいということと、心理的に正しいということは、逆比例するのではないかなと。だから、何の意味もないことを話していたら治っていったり、逆にあんまり論理的に正しいことばっかり言うと、心は閉塞してしまったりするんです。

　子どもが言っていた話では、学校で校長が「諸君は幸福であらねばならんから、一日に一回笑いたまえ」と、苦虫を潰したように言うと。だけど、子どもにしたら「おまえがそんなことを言うなら、一日一回ボケの一つでも飛ばせ」と言いたいとね（笑）。

　それは、言えているわけです。そんな意味で、心の正しいということと、論理的に正しいということは、心の病理学の中では逆転している。前の話に戻るけど、「世の中は嘘でできている」と患者さんに説明するのは、論理的、道理的には間違っているけど、心理的には的を射ていると言えるんです。そういうことって、わりと多いんですよね。
「意味があって良くなった」という人が三割としたら、「意味なく、何となく良くなっていった」という人は、僕の場合、七割ぐらいあるんです。そのお嬢ちゃんは、あんまり意味づけはしなかったから良かったのではないだろうかとも感じるわけです。言われたことに素直に答えて、普通にしていて、ときどき感想めいたことを話していたら、知らない間に良くなっていったと言うのかな。意味のない生命系に意味をもたらしたとも言えますけど。

池見　なるほど。

2　場面構造での冷却

増井　そういうことを思うと、無意味な相談とか、あまり意味をもたせないということは、とても大事なんです。とくに、生命体の体温が上がっているような重篤な人には、*余分なことを一切言わずに、決まりきったことを聞く。飯を食っているか、よく寝ているか。それから僕の場合、夢を見るかどうかを必ず聞く。なぜかと言うと、病的に活性化している人は、毎日が悪夢だから夢を見ないんです。だから、夢を見るということは、だいぶ健康は回復していると僕は考える。あと、女の子の場合は、爪を切ったか、風呂へ入ったかも加えて、この五つだと。重篤な症状で長期的に入院している患者さんのもとには、必ず決まった時間に行ってこれらの質問をする。
　みんな最初は、答えなく沈黙するとか、「はい、はい、はい」などと決まりきった返答をします。そのときの対応は、以前にも述べたと思いますが、満杯になったコップの水を運

*このあたりについては文献㉕に詳しく述べられている。

ぶような、相手の心を非言語的にかばうことが伝わるようなデリケートな配慮が必要です。そしてそれを三、四か月続けると、向こうがお菓子とかお茶とかを用意してくれていたりして、「ときどきは寝られません」とか、明らかに語尾が変わってきます。また、時には「先生、お元気ですか」と声をかけてくれた人もいて、その人が病院の中でいちばん古い患者さんだったけれども、顔色が変わり、院内適応が非常に良くなってきました。

それは、必ず決まった時間に、決まりきった問いかけをするということで、生命体としての混乱とか体温の高まりとかが、その面接を通して、少し心の声が静かになり、混乱の体温が下がっていったのではないだろうかと思うんです。そのとき、深い話は何もしていないという意味で、まったく無意味なんです。それならしなくてもいいように思うけれども、やっぱり定まった人間がそれをやることに意味があるのです。でないと、そういうふうに事態は変わらないと思うんです。

これはさっき示した外来の子の面接で、風呂とか他のことは聞かないけれども、ドラムが好きだったから、ドラムの練習をするかということを毎回聞く。何も答えず沈黙していた日もあって、このときに、治療者も当たり前のように沈黙できるようになるためには、だいぶ臨床体験と訓練がいるんです。相手を意識する沈黙ではなしに、相手を温かく無視する沈黙です。相手を無視する沈黙なら何をしてもよかろうと思って、カルテとかを書きかけると、患者さんが何か、例えば足先で軽くリズムをとるとか、合図を送るのよね。それで書くのをやめると、ピタッと止まる。そういうことで、帰り際に箱庭をつくらせるんだけれども、そのとき治療者はつかずに、作業時間は三〇秒から一分前後として、あまり長く超えないことが望ましい。できるだけシンプルに、ざっと家を建てて、これは川という感じですとか、ざっとしたもの、表面的なものに意図的にするのです。

池見　三〇秒？　早いなあ。

増井　「早く、表面的に」というところがミソなんです。さっさと表面的につくって、終わったら一緒に箱庭を見て、患者さんが説明をして帰ると。それがあるときに、その子が箱庭から帰ってくるのが遅かったんです。見に行ったらものすごく複雑な箱庭をつくっていて、顔つきも険しいんです。箱庭の中で、戦争が起こったりしていて、だから僕は「これは、約束と違うではないか」と言いました。その後、様子はどうかとお母さんに聞いたら、「表情が険しくなって引きこもりがちょっと激しくなった」と。それまでは、冗談ぐらいは言えるようになっていたんです。だから箱庭をいったん中止して、また表面的な面接だけに戻したんです。

その子は、全体で一〇分もかからないそんな面接を約二年間一度も休んだことがなかったんです。しまいに大学まで入るようになって、その後は、陶芸家の弟子入りを決めました。よく考えてみたら、陶芸家の弟子入りというのは、ものすごく彼の最初のイメージにぴったりなんです。*

池見　うんうん、なるほどね。

増井　主にこの方法に意味があるのは、患者さんの感性が強く働いて、妄想や妄想気分が激しいとか、生命系が揺れ動いているときです。そのような人が落ち着いているときに何を話すかというと、ある人は株の話しかできない。「あなたは何が好きなのかね？」という問いかけに、ただ「株です」と。それ以外はもうノーコメントだし、僕も聞きもしない。それなら患者さんに、ある程度の株のことを教えてもらいます。

池見　ああ、その人は陶芸家になった人ですか。いや、違う人でしょう？

増井　ごめんね。陶芸家とは別の人です。こういうケースはいっぱいあるから。ついでに話

＊本ケースは文献㉕の論文の顚末である。

を続けるけれども、それでその人に、じゃあ僕から元金を五〇万円もらったつもりで、どれだけ成績を得たかということを毎回聞くと。最初はつたない答え方だったんだけど、私の熱心な質問に慣れてきたら、株のことはわりと能弁に話すんです。それで、元金が五〇万円のときに、一五〇〇万円ぐらいまでいったんです。そのぐらいから、ずーっと元気になってきました。

池見　ふーん。

増井　その人は今何をしているかといったら、実際に株の商売をして自立しているわけです。めったに人に会わないんだけど、年に一回ぐらい僕のところに会いにきてくれる。そういうふうなこともある。だから、そういう類の人は、何か決まりきったこととか、枠をきちっと決めるとか、このことなら共有できるけれどもほかは絶対共有しないとか、そういう線引きをタイトにしたほうがいいと思います。

池見　ああ、なるほどね。

増井　その線引きを越えたら、また心の体温が上がってくる。そのときに「調子はどうか?」というような問いかけは適当ではない。その問い方だと答えるほうは、いろいろ考えなければならないからです。だからどちらかと言えば、「昨日は寝たか?」や「今朝は何を食べたか?」やら、二者択一的でうなずいたり首を振ったりするだけでもわかるような、簡単に答えられる表面的な問いかけが好ましいと思います。

「調子どう?」みたいなアナログ的で曖昧な問いかけは、普通の神経症の人なら「良いときもあれば悪いときもあります」とか言うけれども、こういう患者さんはどう答えていいかわからないと思うんです。少なくとも答えにくい質問であることは確かな様子です。その言葉はわかっても、調子という感覚はわからないわけです。毎度悪いとか、毎度良いというふうな表現性もないわけです。
　そういう類の人たちがいて、それは、ジェンドリンの言う「体験過程を進めないほうがいい人」ということです。ずいぶん昔のことだけど、ジェンドリンが来日して僕がケース発表をしたときに、彼と僕の意見が衝突して、通訳をしていた池見先生が困ったことがあったではないですか？

池見　うんうん、何かありましたね。僕も覚えています。

増井　僕はよく覚えているけれども、そのときに、セオリーを具体的に話している時間もなかったですが、そういうことを頭に入れて話したつもりです。

池見　僕は聞いていて、いくつかの症例に何か共通するものがあるなと思ったんです。それは、ある意味で、僕はあんまり「内面」という言葉は好きではないけれども、生命レベルのアクティビティが結構高い人たちですね。そういうアクティビティが高いゆえに、上のレベル、社会レベルというか、人のレベルというか、そのレベルのアクティビティが少なすぎるんですね。だから、あの**図1**の上のレベルをちょっと活性化してあげると、下のレベルはちょっとおさまってくるみたいだね。
　陶芸にいった人は、陶芸をするということで内なるアクティビティがうまく外に作品として出るようになって、非常に調子がいいような気がするんですよね。株というのもやっぱり内なるアクティビティで、ほとんど外出しないで、パソコンの前でじっと見て……。

増井　共通しているところは、みんな対人関係が少ないような形で自立しているということが多いよね。株でもそうだし、陶芸家も、作品を作って展示さえすれば、買う人は適当に買うのでね。

池見　うんうん、そうですね。

増井　加えて、陶芸をするときに相談するのは師匠だけです。それで、おそらくその師匠も、ちょっと変わり者が多いと思うんです。そういう人とは患者さんは慣れ親しむんですよね。多感的な患者さんとか、統合失調症や過敏性妄想の人たちは、病院の掃除のおばちゃんとは仲良くなりやすいものね。入院中の感性の高い若い男の子が、掃除のおばちゃんに何だのかんだの、安心して一方的に話をしてるもんね。おばちゃんはそういうとき、「今、忙しいからあとにして」と言って取り合わないのよね。ところがそういう患者さんたちは診察室の中に入ると、パタッと凍結するんです。

神田橋先生は「治療者ほど有害な刺激はない」*というふうに言ってるけど、それは言えるよね。だから、いかにそのおばちゃんのようにやれるか。おばちゃん以上に無視しながら一緒にいることができるかというのは、僕がかなり真剣に取り組んだ問題でしたね。多くの治療者は会話するほうが安心するんです。上手に黙ることのほうが臨床的にはとてもハイレベルの問題です。

池見　うん、そうかもしれませんね。おばちゃんは、内なる世界のほうに侵入してこないからでしょうね。セラピストは侵入する可能性があるから、非常に有毒、毒性が高いんだと。

増井　そう。だから、「私は侵入しないですよ」ということをわかってもらうまでに、三、四か月ぐらいかかります。それがわかってくると同時に、患者さんの語尾が変わってくるんです。最初の頃は患者さんは、部屋に入ってきたときに何も言わないでぶすっとして座るんです。ところが、三、四か月経つと「おはようございます」とか、何かえらい大人っぽいことを言うんです。時には「お元気ですか」というような言葉がけを相手のほうからしてくるんです。語尾が変わってきたり、「わりあいよく眠れますよ」とか語尾が丁寧になったり、そういう次元からちょっと変わってきます。

＊このあたりは文献⑧および文献⑨の一九四〜二二八頁に詳しく示されている。

池見　そうですね。そういう変化が、いわゆるパーソナリティの変化だとか、そういうことだとは僕はあんまり思わなくて。やっぱり実存的というか、生き方が変わるからだというのがあってね。生き方が変わると、どうしても言葉遣いも変わるし、気分も変わるし。

増井　そうそう。

池見　だから、いかに内的なアクティビティと外的なアクティビティのバランスをとって生きるかというね。

3　成り行きに対する絶対的な信頼

池見　内的・外的アクティビティについてですが、僕もそれでずいぶん苦労したような気がします。いちばんはじめ、病院勤めをしているときって、外のアクティビティが多すぎるんですよね。月火水木金土と病院で仕事している。そして、その周りの人たちとの刺激がいっぱいあると。

増井　うん、そうそう。

池見　好きな本を読んだり、音楽を聞いたりするような、自分の内的な時間もない。そうすると、とても不満になるんですね。結局、内的アクティビティが大事にできないからね。大学に移ってからは、今度はちょっと内的アクティビティの時間が多すぎた感じもあって。とくに研究所にいたときなんか、オブリゲーション（obligation: 義務・与えられた仕事）がないから、臨床もしないでいいし、授業もたまにしかないし、あとは何をしていてもいいわけです。

増井　僕に強制された講義しかなかったと（笑）。

池見　そうそう（笑）。増井先生の代理で看護学科の講義が週一コマと、あと、研究所がやっている授業は集中講義だったから、年に何週間しかなくて。そうしたら、あとは何をしていてもいいわけでしょう？　そうすると、内的アクティビティがすごく高まるのはいいんだけれども、これが、ちょっとまたバランスが悪いんですね。

増井　なるほど、バランスが。

池見　だからそういう意味では、自分の内的なアクティビティのレベルと、外的なアクティビティのレベルのバランスを見つけるというのが課題だったんだなと、今は思うんですね。あのときは週一回講義をして、それから、週一回精神科のクリニックを手伝いに行っていました。

増井　ああ、あの先生のところね。

池見　はい。それで、ちょうどよかったのかもしれない。それぐらいが、僕にはね。それぐらいだと、ちょっと物足りないという人もいるだろうし。今の話をお聞きして、人は誰しもちょうどいいバランスで生きようとするのでないかなということも思いましたね。

増井　僕は、それもあると思うんだけれども、さっきの話に少し戻ると、「黙っててもいいんだ」「黙っていても育つものは育つ」というふうに、治療者自身が思えるまでの時間が大変ではないかと思うんです。何も話をしなければいけないという法律はないんですよね。

池見　うんうん。

増井　このことをある先生に話したら、「それでは金は取れない」と言う。べつにこっちは、金が欲しくてやっているわけではないものな（笑）。大学病院で働いているから、いくら働いても当然給料は変わらんのよね。

池見　いやいや、増井先生みたいに根性があればいいけれど、昔、学校の先生向けの研修会

に講師として一緒に行って、僕は非常に困ったのを覚えていますよ。会場に行っても、増井先生は何もしゃべらないのよ。「先生方は、何を勉強したいですか？」と聞いて、先生たちの中でもはっきりした答えは出ず、「じゃ、皆さん何を勉強したいかわからないようなので、講師は退出するのでしばらく考えておいてください」とか言って、僕たちは高校野球を一ゲーム見るんですよね。その間、そこの主事みたいな先生が走ってきて、「今三人寝ています」とか、「今三人しゃべっています」とか、そういうタレコミをしてくれるんだけど……。

増井　あったよね（笑）。

池見　だけど、僕たちはゲームが終わるまで動かなくて、ゲームが終わって戻ったら、もう寝ている人やらいろいろいて。「先生方、お決まりですか。何を勉強したいですか？」と聞いたら、まだ誰も決まっていないので、誰かが「多数決で決めましょう」とか言い出して。そしたら、増井先生は「多数決はいかがなもんかね」と言って、「じゃ、決め方をめぐって、今度はみんなが議論になったので、しばらく講師は退出しております」と。結局、何もしなかった。それは、本当に増井先生の肝が据わっていて、その間ずっと高校野球を見ていたけれども、僕はちょっと胃が痛くなりながら、「これで講師料をもらっていいんだろうか」とか考えて（笑）。

増井　それからどうなったか知らないけれども、結局なるようになるんよね。だけどその「なるようになる」という、「成り行きを絶対信用できる」という気持ちは、自然に任せるという意味でエンカウンターグループなどでは絶対必要な感覚というか、成り行きへの信頼ですよね。その信頼感って非言語的にグループ全体に伝わるような気がします。

池見　あれは面白かった。そういう研修というのも結局、皆さん日当をもらって来ているわけで。それで、「教師になってから初めてゆっくりぼうっとさせてもらってよかった」と言う人も中にはいて。いろいろ好きなことを考える時間になったとか。

増井 そうそう。これだけ自由な時間をたっぷり与えられたのは、何十年間ぶりだろうかというように。

池見 それで、一泊二日の研修だったから酒を飲んで不満を言う人もいて。先生は「明日、それを言ってください」と言ったら、次の日は黙って座っていて（笑）、何も言わないと。あのとき、それで通しましたね。

増井 通したなあ。断固通そうと思って。なぜそうしようと思ったのかというと、絶対なるようになってくるという、僕の中にそういう確信めいたところがあるんです。

池見 うんうん。

増井 事態がどうごちゃごちゃしても、なるようになっていくと思います。ジェンドリンが来日してワークショップを開いていたとき、ジェンドリンが身内に何かあって急にいなくなって、夜中にみんなが一生懸命慌てふためいていたときに、僕は覚えていないんだけれども、「やかましい。黙れ。なるようになるさ」と言ったらしいんです。村山先生は、そのことを本にまで書いてくれてね*（笑）。結局、本当に、何もしなくてもなるようになっていく。ただ、なるようになりやすいような状況は、やっぱりつくらないといけない。

池見 何か、環境設定をね。

増井 そうそう。それで、先ほど話したドラムを叩く子のお母さんには、僕が「その子は、そっとしておいたら葉っぱが出て花が咲くようになるから。もうなるようになるから、今はそっとしておいてくださいね」と言ってたら、そのとおりにしてくれてね。結局、その子は陶芸家になりましたと。だから、周りのそっとしておいて何もしないサポートという

*文献㊵を参照。

のも大事かなと思ったりはするよね。それと、基本的に心の気遣いという点では放任とは決定的に異なると思います。

池見 そうですね。

増井 体温を低めるためにそういう場面構造をとることとかも、まれにはあるよという話です。ですから我々の仕事において、面接における「意味の無意味」とか「無意味の意味」とか、「無駄ではない無駄」とかについてはよく考える必要があると思います。

X　自殺予防について

1　共振れすること

増井　僕は今まで、自分の臨床実施で最も慎重に考え抜いて行ってきたこと、つまり患者さんの希死念慮の取り扱いについて、あえて文章化したり公にしたりするということは、意識的にあまりしてきませんでした。

それは一つに、この問題はデリケートで、受け取られ方によっては逆効果になるような危険性を含んでいるからです。もう一つは、私自身、今まで患者さんに自死された体験がないことを心の勲章として黙って抱き続けてきたのが、公にすることで何か崩れるような感じがしたからでもあります。でもここでは、そのことについて語っていきたいと思います。

自殺のポイントの一つは、これはうつの症状の一つだと僕は考えているんだけれども、「思考の絶対化」というのがあるんです。「今の思考の負のサイクルが、絶対に、永遠に、ずっと続く」というふうにしか考えられず、今の思考のパターンが絶対化されるんです。だから、「それを断ち切るために我が身の命を絶つ」という考えです。抑うつ症や多くの自殺の原因には、多少なりともこの特徴が必ずと言っていいほどみられます。* そのときにいちばん大事なことは、治療者が断固として、「変わらないものは何もない」「世の中のものすべては刻々と変わっていく。あなたもあと一〇年経てば、ずいぶん疲れやすくなって変わっていくでしょう」ということを主張し続けることです。「変わらないと思い込むのは病気のせいだから、ある程度時間が経てば変わるかもわからない」という真実を伝えるのが、自殺予防の第一段階です。

それと次に、患者さんにはより良く生きるために死ぬ権利があると思うんです。だけど一方で、僕には死なれたくないと思う権利があると思う。ここで大事なことは、患者さん自身も、死にたいけれど何かの理由で死ねないということです。死にたい、でも死ねないという気持ちの間で、振り子のように振れていると思うんです。そしてそこで、患者さんの振れに応じてこっちも振れる、共振れするということが大事なんです。「絶対に死んではだめ」というふうに断定するのではなしに、「あなたは真剣に死にたいと思っているけれど、僕は死なれたくない。死にたいということはわかるけれども、死なれたくない」というように共振れする。率直に共振れするんです。

僕はそういうとき、家に帰ってからも「次回まで患者さんは生きていてくれるだろうか」という心配が高じてくるぐらいまで、ひどい共振れをする場合があるね。それで、必ずそういうときに限って、生きている。僕は幸い、この仕事をしていて自殺未遂は一回あったけれども、自殺自体は一回もないんです。それはさっき話したように、患者さんに死なれたら、僕自身の職場復帰がもう何か月もまっとうにはできないだろうというほど、ひどく臆病なんです。

だから初診の場合でも、食欲不振、不眠、意欲低下、思考障害などが激しければ、「だい

＊自殺予防の概略については、文献㉞の一三七～一四五頁に論述している。

たいそういうふうになると、ほかの患者さんの多くは死んでしまいたいという気持ちをもつんですけれど、あなたの場合はどうですか？」と、必ず確認します。他人の話のように、ないし一般論として問いかけるほうがクライエントは気が楽なのでしょう。すると、少し表情をゆるめて「私もときどきあります」と答える人もたくさんいます。その場合は、「今はそういう気持ちがずーっと続くと思っているでしょうけれども、必ずその気持ちは変わります。だから、絶対に死なないでください」と、最初から自殺に対して厳しめのチェックと配慮を入れます。場合によっては、「死にたい気持ちもわかるけど、私としては、絶対に死なれたくないんです」と、素直に伝えます。

「自殺をほのめかしたり、『死にたい、死にたい』と連発したりする人は意外と死なない」と言う人もあるけれども、それは僕の臨床的事実とまったく異なっています。自死する人の大半は、事前に「死にたい」ということを何回も言っています。だから、それを脅しと捉えたり、患者が主導権をもちたがっているというふうに意地悪く考えたりしないことです。たとえそんな傾向があったとしても、「騙されてもいい」と思うくらい、素直に、切実に受け取ったほうがいいと思います。いい加減な受け取り方は、逆に患者さんの「死にたい」という気持ちを増幅させるからです。より具体的に言うと、治療者は、慌てふためき、おろおろした気持ちを表すほうがかえっていいと思います。

それと、「死ぬ」ということと「死にたい」ということとは、別々に考えたほうがいいと思います。「死ぬ」のほうは、実行の意志が非常に強い。「死にたい」のほうは、苦しみの意味が非常に強い。だから、「死にたい」という気持ちはいくらでも理解して共有することはできるけれども、「死ぬ」ことは共有できない。この繰り返しのようなものです。以上が自殺予防における最も外側の外堀みたいなものです。

2　死ぬことと死にたいという気持ち——どう死にたいのかを明確にする意味

増井　どうしても外堀で防げない場合は、「死にたい」という気持ちは共有できるから、「そしたらいったい、あなたはどういうふうに死にたいのか」「どんなふうに死ねば気が収まるのか」ということを、語ってもらうんです。例えば、「富士山の樹海の中で死ぬ」と言った場合は、どのような場面で、どんなふうにして、そのときの服装はどんなで、いつ頃で……というふうに、死ぬイメージをしっかり明確にしていくんです。すなわちそれは、親殺しを充分にイメージできた人は家庭内暴力を起こさないのと同様に、イメージの中で充分に死ぬことができれば、実際の行動が遅滞して、回避できるという僕なりの臨床実践に基づくのです。

　そのことで思い出すのは、主訴が「死にたい」ということ一つだけで、いろいろな病院で嫌われてずーっとたらい回しされて、やっと僕のところへ来た患者さんのケースです。そのときに、「あなた、死にたい、死にたいと言うけれども、いったいどういうふうに死にたいの?」と聞いたら、その子は本当に嬉しそうににこーっと笑って、「こう死にたい」「ああ死にたい」と。そんなセッションを三回ぐらい繰り返したかな。そうしたら、もう何か自然に「死にたい」ということは言わなくなった事例もあります。そのときは、おそらく「死にたい」ということをわかってもらいたい気持ちが強かったんだろうと思います。どこの病院でも死なれることをとても恐れるから、このたらい回しが続いていたら、この子の症状はおそらく悪化したと思います。

池見　そうですよね。

増井　そういう患者さんには、「どんなふうに死にたいのか」というイメージを固めさせる。そういうふうにしている間に、「死ぬ」ということについて自然に語らなくなっていく場合もわりとあるんです。そのときは、「ひと山越えたかな」と思っていいと思います。このような治療的作業が、自死予防の内堀あたりです。しかし、あとにも言及しますが、「そんなイメージなどすると自死を早めてしまうのではないか？」と心配するような臨床家は、イメージの本質とその共有の効用を信用できていない人なので、絶対に真似したり試したりしないでください。そのような治療的状況下では、自死する確率は確実に高まると思われるからです。

3　遺書を書くこと

増井　それでもまだ「死にたい」と言うときに、これはもう城で言えば内丸か本丸のところの勝敗で、「遺書を書きなさい」と。そのときに大事なことは、「あなたのことを深く思っている人から順番に傷ついていくんだから、そのような人のためにも遺書を残しましょう」と伝えること。「僕はだいたい何番目ぐらいか」とか、「僕のことはありのまま書いてください。けれど、あんまり悪く書かないようにしてね」とか、そんなことをきわめて率直に話します。

　このパーソナルな話が重要なんです。なぜなら、傷つく人間が目の前に大勢いるのだと、きわめて現実的に考えざるをえないことが、自死を避ける一つの要因となるからです。それで、そのとき実際に遺書を書いてくれた人が今までに二人いて。一人は、遺書を書くという提案にちょっと笑いこけて、「先生、そこまで深刻に考えなくてもええわ」というふうに言った人。あと一人は実際に遺書を書いてもらったあと、それを二人で点検したんです。

ここで大事なのは、前もって必ず「遺書を二人で点検する」と伝えておくことです。それで、不備があったら、「ここはちょっとおかしいから、死ぬ理由をもうちょっと明確に書いたほうがいい」とかいうことをして。よく考えれば、「自死する」ということが「社会との関係を断絶して、個人的な問題を解決する方法」だとすると、「遺書を書いて一緒に話し合う」というのはまったく逆の話で矛盾しているんだけれど、その矛盾が成立することもあるんです。通常は黙って書き残すものを、人と推敲しながら書くのですから矛盾ですね。

しかし、遺書を書き尽くすということは、心の中で一度死ぬということにも少し通じるのでしょう。非常にラポールの強いときは、「死にたい」という気持ちがあることと、死んだあとに残る遺書と、その遺書を一緒に点検するという三つの現実が同時に進行しているわけです。その中で、遺書を点検するという作業の占める割合が大きくなっていったときに、「死にたい」という気持ちが少しずつ薄れていくということは、臨床的事実として認められるようです。

それでその人は、遺書を二、三回書き直してほぼ満足できるようなものができたとき、「これで、安心して死ねるよね」と問いかけたら、満足そうにうなずいていました。それで結局、その人は死ななかったよね。あとから聞いてみると、「先生が遺書についてあれこれ不備を言われるので、遺書をきちっと書くのはものすごく難しいと実感しました。だから、死ぬ気がだんだん薄れてきてですね」と笑いながら言っていました。

ここで一つ問題なのは、先ほども少しふれましたが、「遺書を書く作業をさせるということは、逆に自死を早めるのではないか」という反論があることです。いろいろな理屈を抜きにして結論から言うと、そういう考えの人は、絶対にこういう方法をとらないほうがいいです。これは、先ほどの「死ぬイメージを明確にする」という話についても同様です。もう少し辛辣に言うと、そういう人は、遺書を書いたり、治療者の前で死ぬイメージをしたりすることの真意と、それが成立するほどのイメージ理解と治療的信頼関係を自らのものにできていない人だからです。だから、その臨床的意義を実感的に理解できない人は、治療自体の不信感は伝染しますから、このような方法はとらないほうがいいです。そういう場合は、繰り返しますが、僕が示した方法はとらないほうがいいです。

4　死にたいとき、メールをすること

増井　今まで自死予防についての外堀、内堀、本丸と話してきましたが、最も簡単な出城があるのを言い忘れていました。それは、自死の懸念のある患者さんには、最初から「本当に死にたくなったときは、必ずメールを入れる」という約束をとりつけることです。「どんな内容でもいいから、必ずメールを入れてくれ」と。少なくとも、死ぬ前にメールを打つということは、死にたい気持ちに水をさすかもしれないということです。それは、「死ぬ」ということをめぐっての、ちょっとした心の整理をする作業だからです。

　そしてここでもまた、問題が出てきます。ある種の頑な治療者の中には、「患者にメールアドレスを教えるなんてとんでもない」と言う人がいるからです。その理由は、「そういうことをしてはいけない」と大学で教えられたという、まったく話にならないものも含め、いろいろです。臨床は、あくまで患者さんとの二者関係を中心に動く必要があります。そこには二人の約束がありますが、前もっての約束はありません。

　この仕事においては、命の大事さが絶対的な最優先事項です。ルールがどうのという屁

理屈を耳にすると、「患者の命より自分のルールのほうが大事なのか」といういたたまれない怒りを覚えることがあります。そういう人はおそらく、患者さんときちんとした実のある治療関係を結べていなくて、表面的な役割関係だけで治療ができるというふうに思っているようですが、本当にそれだけで臨床的な結果を出せるのでしょうか?

話を戻すと、メールアドレスを教える弊害というのがあるのも事実です。それはあまり罪のないものですが、患者さんが元気になってきたら、どこかへ出かけたいときに「どういう服装がいいか」とか、いろんなメールがきます。それは、もう仕方がないね。「深刻なメールだけにして」とも言えないしね。

池見　うんうん、そうですね。

増井　そういうふうなことで、僕は仕事柄、患者さんがとても多いんですが、幸いにも自死は一人も出していないんです。いいことは言ったら崩れるというジンクスもあるし、このことは本当は誰にも言わず、僕の中だけに留めておきたかったけれど、本当に真面目に考えるときちんと伝えたほうがいいと思いました。

5　治療者が変わるときが危ない

増井　いい機会だしほかにも話をしておくんだけれども、危ないのは、転勤とか、入院とか、そういうときに自死がよく起こるということです。僕の場合は二名いましたが両方ともがそうでした。そのときには治療の担当者が変わりますよね。それが大きな問題なんです。そのときに、口はばったいけれども、「こちらみたいに、あなたのことを心を含めて大切にできなくて、それほど手厚くは扱われない可能性もあります。それを念頭に入れておいてください。余分なお金もかかるかもしれないし、事務的に扱われたりするかもしれないし、覚悟しておくに超したことはないよ」ということを何回も言っておく。「今はちょっとサービスが過剰すぎるから、それを期待したらだめですよ」と。

それでもある患者さんは、転勤で東京に行くことになったというのでほかの先生に紹介状を書いたんですが、あとでその先生から連絡が入って、「ちょっと悪かったけれども、あの人は亡くなりました」と。また別の患者さんは、入院することになって、それが僕が関係する病院ならよかったけれども、ほかの病院に入院になって、自死されました。しかもずいぶんあとになってその連絡を受けたんですよ。だから、転勤とか入院とか、治療者が変わるときは、ずいぶん慎重に考えたほうがいいと思うよね。

池見　うーん。入院も、ちょっと遠くのところとかですか。

増井　ちょっと距離があってね。二人とも気立ての優しい人たちで、一人は若い男性教師でした。もう一人はコンクールに入賞するくらいピアノの演奏がうまくて、ピアノ協奏曲なんかをＣＤに録音して持ってきてくれたような、そういう人だったんです。亡くなったと聞いたときは、ショックで二、三日寝込みました。入院というのも、自殺というのも、済んだらみんな知らん顔で、意外と全面的に討論されることは少ないよね。僕も、精神医学関係の職場にずっといるけれども、統計的な論文ではやったりなんかしているけれど、具体的な、臨床的な論文は少ないですね。

それと、ことが起こったあとの対応が悪いよね。裁判のほうが頭の中に先走るのか、身を固めようとしてね。僕は何度も、ご遺族と担当医の間に立ちましたよ。こちらのしていることと、死なれた家族や、結婚されているときの相手の苦しみや悲しさについて、色メガネなく誠心誠意、ゆっくり話す機会をもつだけで充分相手は納得してくれました。構えて防衛的になるのはよくないですね。

池見　そうですね。でも、日本は多いんですよね。自殺する人は年間二万人以上だそうです。

増井　やっぱりつくづく思うのは、手厚く丁寧に歯止めしていても、離れたときに、たがが外れてポイと逝ってしまうということが、ちょっと怖いなと思って。そのことを、ずいぶん考えていかないといけないことが、これからの課題だというふうに思うんです。

池見　うんうん。その「遺書を書く」というので思ったんですが、普通は、そこまで真面目に考えてくれる相手はいないんですものね。

増井　うん、まあね。そんなもんかね、悲しいけど……。

池見　「そんなことは考えたらいかんよ」みたいな形で、その話を聞かない、聞いてもらえないとか。だから、そういう話をできる人がいないですよね。それでも、どこかで面接を受けているのならまだいいんだけれども、それも受けていない人はたくさん世の中にいるだろうなと思いますね。

増井　いる、いる。だから、一日生きることが、そのときにポッと死んでしまうよりも、ずいぶんと勇気と努力がいる人がいっぱいいるんです。そういう事態を知ってほしいですね。

池見　そうですね。

増井　うん。それで、一週間生きて、また面接に来たということを褒めてやりたいぐらいの苦しみをもっている人もいっぱいいるよね。そのときに、経済的な支援まで充分受けられるようにしてくれるやり手のソーシャルワーカーまでつけて、どれほど手厚く、具体的に歯止めをかけていく方法をもっているか。そういったことが、治療者の身を守って、安心して仕事をするためにも身につけておかないといけない、基本的態度や技術のような気が僕はするんです。患者さんの身を守るのと同時に、自分の身も守ると。

池見　そうですよね。僕は、昔、診たことがある人が死んだというふうには聞いたんですけれども、その人とは当時、ほとんど面接の関係ではなかったんですね。その人は精神科を受診していて、そのときに「あっちの先生とも話したら」ということで何回か話を聞いただけで、定期的な面接では会っていなかったんです。そこの精神科の医師のほうから、「ああ、あの人、亡くなったよ」ということは聞いたんです。だけど……。

増井　持ち回りをされたり、悪い意味ではないけれども、ちょっとたらい回しにされたりする人は、それだけ死ぬ確率が高くなります。口はばったい言い方かもしれませんが、みんなが「ここで食い止めておかないと危ない」という意識をもってくれることを願いたいですね。「自分がしなきゃ誰がやる」というくらいの気持ちと責任で臨床に当たってもらいたいですね。

池見　うん、そうですよね。

増井　遺書まで書かされて、それから面接は続くかと言えば、自殺願望が落ち着いてだいぶしてから、面接をやめる人が多いね。ちゃんと、ひと山越えた感じかな。

池見　でも、リストカットしている人は多いですね。

増井　自殺のレベルとリストカットのレベルとは少し異なると思います。リストカットする人は自殺までいかない場合が多いです。しかし、自傷行為ということでは同じレベルですね。やはり、少し解離的要素も含まれているのだと思います。リストカットは女性に多いね。

池見　ねえ。

6　入院すること――治療者はついてまわれない

増井　いちばん往生なのは、自傷行為とリストカット、それから自殺。それで、言い忘れていたけれども、その程度が激しい人には必ず入院を勧めるね。ついてまわるわけにいかないから、入院しなさいと。その患者さんの家族にも同じことを言って、もし本人が嫌だと言っても、「とにかく騙されたつもりで一週間だけやってみよう」と。「考え方が変わるかもわからないから、ちょっと実験的にやってみないか」というように、うちの大学の病院か、自分が関係しやすい、見知りの病院への入院を勧めることは多くあります。

子どもの自傷行為がひどい場合は、環境が劣悪な場合がとても多い。だから、その環境から離すだけでもだいぶ変わることがあるのでね。親の説得には「子どもの命を守ることと、その精神的成長のため」というフレーズは比較的有効なようです。

池見　そうですねえ。

増井　それで、子どもが嫌がるのを説得して入院させたとして、結果的に「入院して悪かった」という話は僕は聞かないんです。しかし不思議なことに、「入院して良かった」という話は聞くんです。「先生、あのときに入院していなかったら、今こうして笑って話などできないからね」というふうに言ってくれる患者さんが多いんです。だから、「自死予防にはまず入院」ということを言っておきたい。しかし最近そのような傾向をもっている人の入院を拒否するところも多いので、できたら知人がいてよくわかってくれる病院を常に一つ二つもっていることも大切です。

先にも言ったけど、入院の勧め方にもノウハウがあって、細かく書くと一冊の本ができるくらいです。しかし原理・原則を端的に言えば、「自分にも他人にも迷惑をかけないで済む」というように、患者さんの良心に訴えることですね。これがわりあい聞いてくれるんです。

池見　入院というよりも、生活の場を変えるというかね。

増井　場を変えて、自殺する機会を少なくする。可能性をゼロに近づける。その間に、気分も変わったり、状況も変わったりすることも多々あるんです。病室がないからとりあえず老人病棟に入院した子どもが、ほかの患者さんから可愛がられてね。そして少しするとニコニコしているときもありました。大切にされるんですよね。

池見　そうですね。大変な家庭環境にいた若い女性のケースがあったんですが、突然、遠くの人、しかもネットで知り合ったばかりの人と結婚して。交際期間もものすごく短くて。きょとんとしたんですけれども、それこそその人の能力ですね。この生活場面を変える能力は、すごいものがあるなと感心しましたね。

増井　なるほど。僕は病歴が長い患者さんは、そういう場合は普通、異性の友達をつくるまでに何年かかかって、そういう友達ができても自分のことで精一杯で、「異性」というものを意識するまでだいぶかかるよね。それからも、実際に付き合いをするというまではだいぶかかります。さらに、性的な関係をもつということについても、まだだいぶかかります。

　だから、僕が診ているとしたら、急に結婚というふうになると「やめたほうがいい」と言います。僕自身は、原則的にはそういうふうに治癒機序に基づいていくほうがいいと思う。それで「婚期が遅れる」とか言っても、いくつになっても結婚はできると、僕は思うから。

池見　そうですね。その人の場合は、その前の段階までのところはできてた人です。それまでに恋人もいたし。

増井　ああ、そう。その場合は、そこが健康的だったからうまくいったんでしょうね。

池見　だから本当に、これは家を出る作戦だったんだなと思うんですね。遠くの人とネットで知り合って、数週間で結婚して。いろんな症状があったけれども、たぶん治っているんじゃないかなと思うんですよね。結婚する前の家庭環境が、あまり良くなかったのでね。

増井　あまりと言うよりも、もう見るに堪えないような環境はあるよ。お子さんが妄想を起こしたときに、「頭がおかしくなったな」と言って、父親が金槌で頭を叩いたという事例もあるくらいだから。

池見　うわあ、いやあ。

増井　そういうのが、本当にいるんです。まあ傷とか陥没とかはない程度には叩かれているけれども、そういうのを見ていると、やっぱり死にたくなるのは無理もないなと思います。

池見　そうですね。

増井　その家庭は、お母さんはお母さんでほかの男と何かしていてね。要は、家庭がほとんど機能していなくて、両親にとってその子は「要らん子」で、お互いに「生活する」という感覚にはなれないようなね。僕は時代的な傾向もあるのではないかなと思います。

池見　うんうん。

増井　とにかくそのような人は、僕が臆病になるほど、その人自身「自死を考えている自分がいる」ということは、ようくわかっている。

池見　そうですね。だけど、結果的に死ぬ・死なないは別として、そういうときに誰かに話せるというのが大事なことだから。それはやっぱり、心理臨床の大事な活動かもしれませんね。

増井　そうだろうね。そういう人たちの周りには、「死ぬな」とか言える人はいるけれども、「死にたい気持ちはよくわかる」という台詞はあんまり聞いたことがないわけです。両親からもね。

池見　そうですね。だけど心理臨床の場で、そこで逃げちゃう場合もあると思うんですよ。クライエントが「自殺する」とか言い出したら、急に医療を紹介するみたいなね。べつに医療にかかってどうなるわけでもなければ、それこそセデーション（sedation: 鎮静化）するわけではないし。

増井　なるほどなあ。そういう場合もあるのかな。初めて先生から教えられた気がします。

池見　うん、やっぱり自分の責任にしたくないから、よそへ紹介しちゃうみたいなね。これはどうかなと思います。

増井　そういう医者がいっぱいいて、心理にもいるけれども。だから僕のところには、「死にたい」とか言い出す患者さんが回ってくることがわりと多かったのかもしれませんね。

池見　そうですね（笑）。

増井　ある医者は、どうしようもないケースはもう僕のほうに、僕のほうにと回してくる。その先生の偉いところは、お薬の限界みたいなものをよく知っていて、その限界値を超えたら「これ以上は手に負えないから、ほかの能力のある者に渡せ」という区別ができるというところで。

池見　なるほどね。

増井　多くの院生がしきりに言ってたけど、「その先生はお薬を使わせたらピカイチだけれども、人間を扱わせたらほとんど人間オンチ」って。

池見　どうなるわけでもないというのは、医師自身がどこかでわかっているんですよね。薬

を出しても、患者さんは飲まない場合もあるだろうし。それなら、少なくとも自分が話を聞いたほうがいいんだろうけれども、もしそれで死んだら……みたいなことになって。勇気がいることですよね。

増井　べつにやることさえきちんとやっておけば、たとえ死なれたとしても、不名誉なことはないんだけれども。

池見　そうですよね。

増井　名誉・不名誉よりも、僕自身の「内なるおびえ」みたいな、自分の内なる生命体みたいなものが突き動かされるのが、僕は怖いよね。やはり、時間という神様はものごとをすべて変えるから、その神様に心をゆだねて生きていてほしいですよね。

おわりに

こうして対談は終わりました。

増井武士先生がバリ島にヴィラを建てたとか、買ったとか、そういう話は聞いていました。だけど、まさか、そのバリ島で対談をしよう、といった提案を受けるなんて考えてもなかったので、驚きました。創元社の渡辺明美編集局長からもメールが入って、それが可能かどうか会って相談しましょう、ということになりました。すぐに、ガルーダ・インドネシア航空のタイム・スケジュールもネットで検索して頭に入れました。でも、日程的に、かなり厳しい……。

結局、バリ島には行きませんでした。そして昔、増井先生と僕が勤務していた産業医科大学に近い、福岡県の芦屋の海岸とつながる、北九州市若松区の「かんぽの宿」での対談となりました。昔の職場に近いし、増井先生のご自宅にも近いところになったので、ガルーダ・インドネシア航空ではなく、タイム・トンネルに乗っていくことになりました。僕たちが産業医科大学に勤務していたのは三〇年以上前のことなのです。しかしこの対談ではまるで、「産業医科大学の頃」がちょっと前だったかのような感覚になっていたのでしょう。そして、対談を読み返してみると、どことなく博多弁っぽい、北九弁っぽいアクセントが聞こえてくるようでした。

タイム・トンネルを北九州側に抜けると、そこには臨床駆け出しの頃の僕がいました。対談の中に病院勤めをしていた頃の話が出てきますが、その総合病院では週に六日、臨床にどっぷりでした。産業医科大学に移ってからは、臨床は週に二日程度になって、研究をする時間がとれるようになりました。対談にもありますが、週六日の臨床では外的な活動が忙しすぎて、精神の内側の活動が抑制されていたのです。そして、ようやく産業医科大学に移って、研究だけをしている日が増えて、内面的な活動も活性化されました。そうなると、病院臨床もさして負担ではなく、楽しく感じるようになってきたのです。タイム・トンネルを抜けると、外はこんな時代の僕の北九州でした。

　この頃、増井先生と頻繁に、まるでこの対談と同じような雰囲気で、臨床について何時間も語り合うことが週に何度もありました。ときどき、近くに住んでおられた田嶌誠一先生（元九州大学教授）や、産業医科大学の産婦人科に当時勤務されていた冨永良喜先生（元兵庫教育大学教授）も加わり、増井先生のご自宅で食事をいただくこともありました。

　対談の中では、僕たちはタイム・トンネルに乗ってきたことを忘れていました。それくらい、増井先生の臨床感覚というものは変わっていませんでした。そして、おそらく増井先生も僕について、同じように思ったのではないでしょうか。最近、僕のところで「なぞかけ」とフォーカシングを研究した人がいて、*僕も「なぞかけ」には興味がありますが、「自分で気づいていたかどうかわからないけれど、先生の問いは昔からなぞかけよ」と増井先生に言われたときには驚きました。

　今の僕の心理臨床は、いろいろなものが育って、実っていった結果であると思ってみると、その苗は実は昔からあって、あまり変わっていないのだと新鮮な驚きをもって体験することができました。人がタイム・トンネルを通って三十数年前の自分に出会ったとしたら、意外と今の自分とさして変わらない、と発見したかのような体験です。

　しかし、三十数年の間に僕は確かに勉強して成長したかな、と対談しながら思いました。

＊文献㊷参照。

増井先生にも「東洋思想がわかるようになった」とお褒めいただきましたが、それは、いろいろな知識がついてきた、というよりも、「臨床家」から、体験過程論やフォーカシングなどが専門の「学者」に育ってきた、ということを確認することができた、そのように僕の心に映ります。そしてこれを反対に言うと、本書の対談を通して、三十数年前の「素朴な街の臨床家」だった僕をタイム・トンネルの向こう側に見たような気がします。

このようなよい機会に恵まれて、そして、増井武士先生というよき先輩に恵まれて、僕は幸せに思います。

池見　陽

文献リスト

① Gendlin, E.T.（1973）：Experiential psychotherapy. In R. Corsini（Ed.）*Current Psychotherapies,* Itasca, IL: F.E.Peacock.

② Gendlin, E.T.（1986）*Let Your Body Interpret Your Dreams.* Wilmette IL, Chiron.（ジェンドリン，E. T.［村山正治訳］『夢とフォーカシング――からだによる夢解釈』福村出版、一九九八）

③ Ikemi, A.（2014a）: Sunflowers, sardines and responsive combodying: Three perspectives on embodiment. *Person-Centered & Experiential Psychotherapies* 13（1）：19-30.

④ Ikemi, A.（2014b）: Responsive Combodying, Novelty and Therapy: Response to Nick Totton's Embodied Relating, the Grounds of Psychotherapy. *International Body Psychotherapy Journal: The Arts and Science of Somatic Praxis* 13（2）: 116-121.

⑤ Ikemi, A.（2015）: Space Presencing: A Potpourri of Focusing, Clearing a Space, Mindfulness and Spirituality. *The Folio: A Journal for Focusing and Experiential Therapy* 26（1）: 66-73.

⑥ Ikemi, A.（2017）: The radical impact of experiencing on psychotherapy theory: an examination of two kinds of crossings, *Person-Centered & Experiential Psychotherapies* 16（2）：159-172, DOI: 10.1080/14779757.2017.1323668

⑦ 池見陽編著（二〇一六）『傾聴・心理臨床学アップデートとフォーカシング――感じる・話す・聴くの基本』ナカニシヤ出版

⑧ 神田橋條治・荒木富士夫（一九七六）「『自閉』の利用――精神分裂病者への助力の試み」『精神神経学雑誌78（1）』、四三〜五七頁

⑨ 神田橋條治（一九八八）『発想の航跡――神田橋條治著作集』岩崎学術出版社

⑩ 神田橋條治（二〇〇七）「序」増井武士『治療的面接への探求1』人文書院、一〜二頁

⑪増井武士（一九七五）「ある境界線症例の分析的面接過程と〝支持すること〟についての一考察」『九州大学心理臨床研究1巻』（『治療的面接への探求2』人文書院、二〇〇七に所収）
⑫増井武士（一九八〇）「イメージ・セラピーの基礎的方法」成瀬悟策編『イメージ療法』〈催眠シンポジアム10〉誠信書房
⑬増井武士（一九八二）「催眠分析とイメージ――身・心イメージによる心の『整理』と『置いておくこと』について」『催眠学研究26巻1号』（『治療的面接への探求1』人文書院、二〇〇七に所収）
⑭増井武士（一九八四）「私の空想と大学病院という現実――その狭間で生まれた治療法」翔門会編『現代心理学への提言』九州大学出版会
⑮増井武士（一九八七）「症状に対する患者の適切な努力――心理臨床への二、三の問いかけ」『心理臨床学研究4巻2号』（『治療的面接への探求1』人文書院、二〇〇七に所収）
⑯増井武士（一九八九）「精神療法の基礎の基礎――治療者の迷い困る能力とその工夫」『九州大学心理臨床研究8巻』（『治療的面接への探求1』人文書院、二〇〇七に所収）
⑰増井武士（一九八九）「『置いておく』こと、と『語りかける』こと」北山修・妙木浩之編『言葉と精神療法』〈現代のエスプリ264〉至文堂
⑱増井武士（一九九二）「面接での『耳』の相互性――治療的面接のために」北山修編『イマーゴ　特集日常臨床語辞典3巻9号』青土社
⑲増井武士（一九九三）「心理臨床家の職業病――前田重治先生に聞く」『心理臨床6巻1号』星和書店（増井武士『治療面接への探求2』人文書院、二〇〇七、二〇三～二一〇頁）
⑳増井武士（一九九五）『治療関係における「間」の活用――患者の体験に視座を据えた治療論』星和書店
㉑増井武士（一九九四～一九九六）「正しすぎる間違い①――正しいことは正しくないかも」菅野泰蔵編『こころの日曜日1～4』法研

㉒増井武士（一九九六）「『心の整理』としての面接――〝ありのままの自分〟とその治療的意義」『心理臨床学研究14巻1号』（『治療的面接への探求1』人文書院、二〇〇七に所収）

㉓増井武士（一九九七）「スーパーヴァイジーから見たスーパーヴィジョン」第16回日本心理臨床学会学会企画シンポジウム発表

㉔増井武士（一九九九）「治療面接における『人間性』への必然的回帰――記述しがたい事象の真実性」第18回日本人間性心理学会（『治療的面接への探求4』人文書院、二〇〇八に所収）

㉕増井武士（一九九九）「自閉的な分裂病の治療面接における一つの統合の試み」『心理臨床学研究17巻4号』（『治療的面接への探求2』人文書院、二〇〇七に所収）

㉖増井武士（一九九九）「『尽くす』ことの功罪――〝自律の相互性〟という観点より」第18回日本心理臨床学会（『治療的面接への探求4』人文書院、二〇〇八に所収）

㉗増井武士（一九九九）『迷う心の「整理学」――心をそっと置いといて』講談社

㉘増井武士（二〇〇一）『職場の心の処方箋――産業カウンセリングルームへようこそ』誠信書房

㉙増井武士（二〇〇二）「大いなる、そして細やかな自己回帰を巡って」一丸藤太郎編『私はなぜカウンセラーになったのか』創元社

㉚増井武士（二〇〇二）『人間性精神（心理）療法の原点辺りをめぐって――相互人間化としての「共感」について』第21回日本人間性人間性心理学会特別研究報告（『治療的面接への探求4』人文書院、二〇〇八に所収）

㉛増井武士（二〇〇二）「臨床人間性心理療法――治療関係での「私」の活かし方」第21回日本人間性心理学会ワークショップ（『治療的面接への探求4』人文書院、二〇〇八に所収）

㉜増井武士（二〇〇二）『不登校児から見た世界――共に歩む人々のために』有斐閣

㉝増井武士（二〇〇六）「神経症圏内での「自閉療法」の効用――心理臨床における嘘と誠」第25回日本心理

臨床学会（『治療的面接への探求１』人文書院、二〇〇七に所収）
㉞ 増井武士（二〇〇七）『治療的面接への探求１』人文書院
㉟ 増井武士（二〇〇七）『治療的面接への探求２』人文書院
㊱ 増井武士（二〇〇八）『治療的面接への探求３』人文書院
㊲ 増井武士（二〇〇八）『治療的面接への探求４』人文書院
㊳ 増井武士（二〇〇七）『こころの整理学――自分でできる心の手当て』星和書店
㊴ 増井武士（二〇一九）『来談者のための治療的面接とは――心理臨床の「質」と公認資格を考える』遠見書房
㊵ 村山正治（二〇〇七）「序」増井武士『治療的面接への探求３』人文書院、一～五頁
㊶ 筒井優介（二〇一八）「夢ＰＣＡＧＩＰにおいて意味はどのように成立しているのか：ある妊娠の夢を実例として」『人間性心理学研究36（１）』二一～三一頁
㊷ 岡村心平（二〇一七）「交差と創造性――新たな理解を生み出す思考方法」『人間性心理学研究35（１）』八九～一〇〇頁

〈著者〉

増井武士（ますい・たけし）

一九四五年生まれ。九州大学教育学部大学院博士課程修了。産業医科大学医学部准教授（教育学博士）、同大学病院精神・神経科および産業医実務研修センターを併任。日本心理臨床学会常任理事、同学会倫理委員長などを経て同学会編集委員、同学会理事などを歴任。九州産業大学国際文化学部教授を経て、現在、東亜大学大学院客員教授。

著書に『治療的面接への探求1～4』（人文書院）、『迷う心の「整理学」』（講談社現代新書）、『不登校児から見た世界』（有斐閣）、『来談者のための治療的面接とは』（遠見書房）ほか多数。

池見　陽（いけみ・あきら）

一九五七年生まれ。ボストン大学文学部卒、シカゴ大学大学院社会科学研究科修了、医学博士（産業医科大学）。産業医科大学講師、神戸女学院大学教授などを経て、現在、関西大学大学院心理学研究科教授。日本フォーカシング協会事務局長、同会長、第二一回フォーカシング国際会議実行委員長、第一回アジア・フォーカシング国際会議大会会長などを歴任。日本人間性心理学会常任理事ほか。

著書に『心のメッセージを聴く』（講談社現代新書）、『僕のフォーカシング＝カウンセリング』（創元社）、『傾聴・心理臨床学アップデートとフォーカシング』（ナカニシヤ出版）ほか多数。

治療的面接《ちりょうてきめんせつ》の工夫《くふう》と手順《てじゅん》

人間学的力動論《にんげんがくてきりきどうろん》の観点《かんてん》から

二〇二〇年八月二〇日　第一版第一刷発行

〈著　者〉増井武士・池見陽

〈発行者〉矢部敬一
〈発行所〉株式会社　創元社
本　社　〒五四一-〇〇四七 大阪市中央区淡路町四-三-六
電　話　〇六-六二三一-九〇一〇(代)
ＦＡＸ　〇六-六二三三-三一一一(代)
東京支店　〒一〇一-〇〇五一　東京都千代田区神田神保町
一-二 田辺ビル
電　話　〇三-六八一一-〇六六二(代)
https://www.sogensha.co.jp/
〈印刷所〉株式会社　太洋社

ISBN978-4-422-11741-6 C3011

治療のための
精神分析ノート

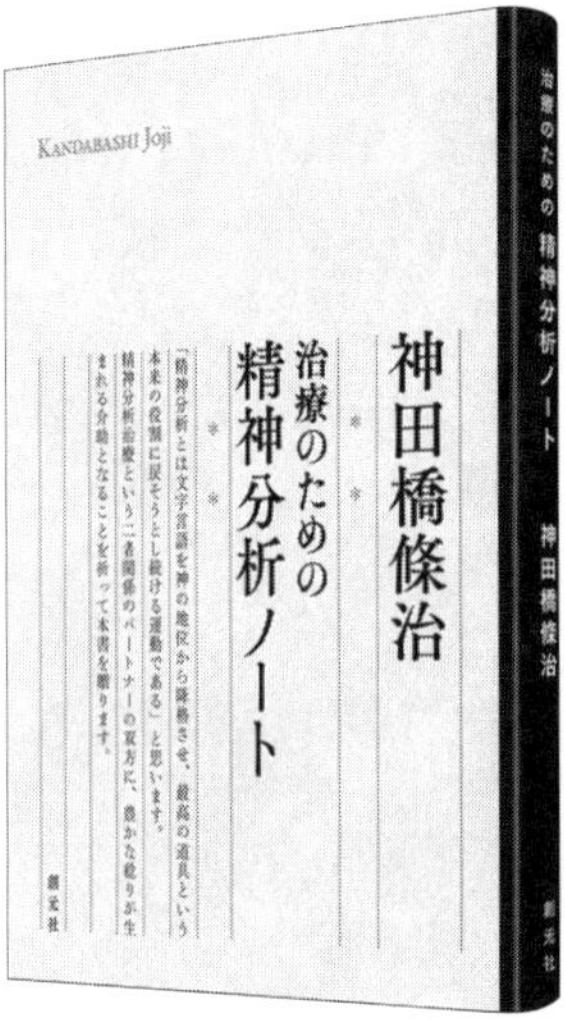

神田橋條治〔著〕

いのちの核はコトバでないものに支えられながら、ヒトの生はコトバによって支配されている」。コトバを治療の道具とする精神分析の臨床の場で、文字言語を絶対的なものとせず、治療者と患者との間の関係性に目をこらすことで、著者は治療の場に立ち上がってくるいのちの営みを掬い上げる。精神分析の世界への導きに始まり、先達の教え（＝理論）の咀嚼、さらには独自の技法と修練の方法を紹介するなど、半世紀以上にわたる臨床の集大成ともいえる著者、畢生の書。

四六判・上製・192頁・2500円＋税
978-4-422-11616-7　C3011